LA CHUTE

DE

SATAN

PAR

AUGUSTE MAQUET

V

PARIS

L. DE POTTER, LIBRAIRE-ÉDITEUR

RUE SAINT-JACQUES, 38.

1854

LA CHUTE DE SATAN.

I

DEUX DISTRACTIONS EN UN JOUR (*suite*).

— Entre l'empereur et moi, dit Louis XIV, s'est une guerre qui finira le jour où je renoncerai aux Flandres et à mes idées sur l'Espagne. Le prince d'Orange est roi d'Angleterre, quoique je dise et que je fasse. Il est mon ennemi, parce que je l'ai toujours dédaigné, rudoyé, malgré ses avances. Il n'a nul projet sur mes États ni moi sur les siens. Qu'il ait détrôné son beau-père, c'est à la nation anglaise de le trouver mauvais ; moi, je n'ai que le droit d'exercer envers le roi Jacques, une hospitalité digne de moi et de la France. J'en arrive au duc de Savoie, c'est un homme de grands talents, qui eût été à moi, si je n'eusse, par des piqûres acharnées, envenimé la plaie de son orgueil. Voilà mes trois ennemis réels ; les autres se groupent autour d'eux. Eh, bien ! M. de Louvois, pour faire éternellement la guerre, il faut de l'argent et de la jeunesse : je vieillis et n'ai plus d'argent, — mon État est épuisé par mes victoires. — Je ne parle point de Dieu, que je finirai par lasser, en abusant de ses bontés. Je conclus comme j'ai commencé, donnez-moi un compte exact de ma situation : c'est ce que fait tout bon administrateur, quand il veut liquider ses affaires et prendre sa retraite.

Louvois, décontenancé par cette charge à fond, commençait à perdre la tête; il ne répondit que phrases vagues, nulles, sans raison et sans vues. Il prouva que le royaume n'était pas épuisé, que les armées n'avaient jamais été plus formidables. Il cita le siége de Mons, enlevé aux yeux de l'Europe toute entière, et montra au roi la médaille nouvelle que l'Académie avait fait exécuter à cette occasion. C'était un Hercule debout, s'appuyant d'une main sur sa massue et tenant de l'autre une couronne murale et un bouclier aux armes de Mons ; dans le fond, la ville enveloppée de feu et de fumée. Pour légende. *Tota Europa spectante et adversante,* c'est-à-dire : *à la vue de toute l'Europe et malgré ses efforts.*

— Cela est fort beau, dit le roi, qui avait regardé attentivement la médaille. Mais que me fait la gloire, j'en ai eu ma bonne part. Du repos, du repos !

Louvois frissonnant :

— Votre Majesté sait bien, dit-il avec un souris forcé, que l'on a point toujours ce que l'on désire. Vos armées ont pu prendre en quinze jours Mons, que vous désiriez prendre. Elles vous conquerront la paix également ; mais laissez-leur-en le temps, ce sera plus long.

— Ne voyez-vous pas quelque moyen d'abréger, dit froidement le roi ; mes peuples souffrent.

Sire, je chercherai.

— J'ai déjà trouvé quelque chose, moi.

— J'écoute, fit le ministre, avec une nuance imperceptible d'ironie qui n'échappa point au roi et redoubla son désir de piquer Louvois.

— Monsieur, quand un incendie se déclare, il faut non-seulement chercher à éteindre la flamme, mais lui soustraire les aliments qu'elle pourrait prendre. Il se fait en ce moment dans les Etats du duc de Savoie, une guerre qui mettra ce prince au désespoir; — on ravage ses vignes, on démolit ses maisons.

— Représailles, sire!

— Aliment au feu que je veux éteindre, monsieur : j'entends que peu à peu l'on adoucisse M. de Savoie. On le détachera ainsi de la ligue, j'aurai mes frontières assurées, et il me rentrera une armée de ce côté. Prévenez donc Catinat de ménager le duc; Catinat est humain, il sait négocier. Faites-lui part de mes intentions.

Louvois s'inclina.

— J'ai une autre crainte dit le roi : les Suisses sont mécontents; ils réclament l'observation des traités qu'on leur a faits.

— Eh! sire, avec les sommes qu'on leur a déjà données nous paverions d'argent une chaussée d'ici à Bâle.

— Monsieur, avec le sang qu'ils ont versé au service de la France, on ferait un fleuve de Bâle à Paris ! J'entends que les Suisses soient satisfaits. Ne voyez-vous pas qu'une rupture avec eux les pousserait à s'allier au duc de Savoie ! — que la guerre s'éterniserait, que l'incendie deviendrait une conflagration universelle. — Chargez-vous donc de la Savoie et des Suisses. — Moi, j'aurai l'œil sur l'Angleterre, où l'on me ménage d'honorables intelligences. Tout s'apaisera, je le veux. Vous m'avez entendu ?

— Oui, sire, dit Louvois, dont le sang assiégeait les tempes avec fureur. Ainsi, Votre Majesté rêve le retour de l'âge d'or et les ruisseaux de miel et de lait. Ces inspirations seront glorieuses à S. M., mais nécessitent un nouvel ordre de travaux. Nous changerons de rôle avec les alliés. Nous promènerons l'olivier, quand l'Europe promènera ses mousquets.

— Ce changement vous servira d'autant plus, répliqua froidement Louis XIV, à mettre en lumière des talents de conciliation, qu'on ne vous connaissait pas. Vous savez agir vite, monsieur ; employez-vous à cette œuvre-là ; elle en vaut la peine.

— En un mot, S. M. fait du ministre de la guerre un ministre de la paix.

— Précisément.

On eût dit que Louvois allait suffoquer lorsqu'il répliqua :

— Sire, hormis l'impossible, je ferai tout pour servir Votre Majesté.

Et Louvois ferma son portefeuille avec un mouvement nerveux qu'il ne sut point enchaîner, malgré les efforts surhumains qu'il faisait depuis quelques minutes.

— Ne fermez pas, dit Louis XIV, avec son flegme de commande. Travaillons!

— Oh! sire, j'apportais à S. M. des travaux, qui vont devenir inutiles. J'avais trouvé de l'argent; mais à quoi bon l'argent, dans l'âge d'or!

Ces mots eussent été impertinents, si Louvois ne les eut accompagnés d'un rire ou plutôt d'un rugissement affectant les éclats du rire.

— De l'argent, où cela? demanda le roi — lion dédaigneux du bourdonnement de ce taon irrité.

— Où il est? sire, chez les traitants qui l'ont pompé dans les coffres de Votre Majesté depuis deux années. J'ai imposé ces messieurs à huit millions de livres, et ils me remercieront de ce que je leur laisse. Voici le projet : l'argent peut rentrer au premier appel de Votre Majesté.

Le roi prit la plume et approuva sans balancer. Comme il venait de signer, il arrêta ses yeux sur un papier que peut-être Louvois n'avait pas laissé là sans intention.

Le rusé ministre l'enleva aussitôt.

— Pourquoi retirez-vous ce papier, dit le roi surpris?

— Oh sire, ce n'est rien, c'est un rapport de police.

— Qui dit?

—Rien de nouveau, sire, je ne sais pas même comment il se trouve là.... c'est par distraction que je l'y ai laissé.

— Il m'a semblé lire le mot enlèvement.

— En effet, sire, mais passons, je vous prie.

— Enfin, monsieur, si je tiens à lire ce rapport.

— Votre Majesté en a le droit, mais je la préviens qu'elle n'y gagnera rien, ni moi non plus.

Le roi se mit à lire, Louvois le suivait du coin de l'œil, tout en paraissant fouiller dans ses papiers.

— Qu'est-ce que j'apprends, dit le roi.

On a enlevé aux archers une prisonnière qu'ils transféraient de la Bastille au château de Péronne.

Louvois ne répondit pas. Il furetait toujours.

— Violette Gilbert, femme du commissaire Desbuttes, qu'est-ce que cette femme?

— Sire, une femme surprise en adultère avec un espion du prince d'Orange. Le mari avait porté plainte; on avait arrêté la femme, elle était à la Bastille où je me proposais de la faire interroger.

— Eh bien ?

— Eh bien ! sire, un ordre est arrivé de transférer la prisonnière à Péronne; mais encore une fois je supplie Votre Majesté de passer outre.

— Ordre de qui ? demanda le roi, de plus en plus affriandé par la résistance.

— De Pontchartrain, sire, et ordre de confier cette femme à deux archers seulement, pour éviter le scandale sur son passage; voyez, sire, c'est écrit sur l'ordre. En sorte que tout près d'ici, vers Chantilly, cette nuit même, les deux archers ont été jetés en bas du carrosse dans lequel ils menaient leur prisonnière, et celle-ci a continué sa route, mais je ne crois pas qu'elle se soit rendue à Péronne. Voilà ce que c'est que de bien escorter les prisonniers de cette importance.

— Comment Pontchartrain a-t-il donné cet ordre ridicule ?

— Je le lui ai demandé ce matin, au reçu du rapport de police; il m'a répondu qu'il avait dû obtempérer à l'irrésistible recommandation qui lui avait été faite.

—. Par qui?

— Ah sire, permettez-moi de me taire.

— Vous direz bien, au moins, le nom du ravisseur.

— Ils étaient deux; mais je n'en nommerai pas un.

— Plaisantez-vous, monsieur?

— A Dieu ne plaise, sire! cela ne m'arrivera plus de plaisanter avec un pareil nom, il m'a trop de fois porté malheur; et voilà pourquoi je désirais soustraire à votre majesté ce papier, dans lequel le lieutenant de police, plus audacieux que moi, a consigné ce nom redoutable et celui de son présumé complice.

Le roi parcourut avidement les dernières lignes du rapport :

« Belair, musicien, amant de la prisonnière... puis, Lavernie, s'écria-t-il, lui, encore!

— Hélas, oui, sire, encore! Et cette fois, on ne dira pas que c'est ma faute.

— Mais il me semblait l'avoir vu hier matin à mon lever.

— C'est possible, sire; mais j'ai dû m'informer, ne fût-ce que pour contredire le rapport de la police, et malheureusement M. de Lavernie a quitté Versailles hier au soir. Il n'a point reparu, pas plus que l'autre coupable.

Il achevait à peine, quand madame de Maintenon monta souriante les trois marches qui conduisaient au cabinet de verdure.

II

FEU ET SANG.

A la vue de son ennemie jurée, Louvois, qui avait espéré pouvoir se retirer avant qu'elle arrivât, fit un pas pour reprendre ses papiers et partir.

— Cette femme-là, pensa-t-il, a donc un démon familier qui l'avertit de paraître à point nommé pour m'être désagréable !

Et déjà il prenait congé, car, entre la marquise et lui, la guerre était assez déclarée pour autoriser ces sortes de retraites, si brusques qu'elles fussent.

Mais la marquise s'adressant au roi :

— C'est assez travailler, sire, dit-elle, notre répétition commence. Il s'agit de décider aujourd'hui si les tragédies sacrées de ce pauvre Racine sont des abomtnations profanes. Venez, écoutez et jugez!

Louvois profita de la pause pour saluer et partir; mais madame de Maintenon, toujours souriant :

— On n'exclut point M. le ministre, dit-elle.

Ce sourire fit plus peur à Louvois qu'une tempête; il n'en hâta que plus son départ; mais le roi ayant repris le portefeuille, tira le malencontreux rapport de police et l'offrit à la marquise en la priant de lire.

— Allons, sire! s'écria Louvois au désespoir, voilà que Votre Majesté va me susciter de nouvelles difficultés : j'avais tant supplié le roi de ne pas lire cette note.

La marquise lut sans s'étonner.

— Eh! bien, madame, dit le roi, qu'y a-t-il de vrai?

— Au moins, madame se convaincra

que je n'y suis pour rien, se hâta de dire Louvois.

— Je ne sais point ce que cela signifie, répliqua la marquise.

— Vous lisez bien le nom de Lavernie?

— Oui, sire, mais je ne comprends pas.

— Et l'absence de M. de Lavernie, l'expliquez-vous?

— Mais M. de Lavernie n'est pas absent, sire, regardez, le voici.

Elle indiqua du doigt une allée du jardin, où l'on voyait se promener Gérard avec Jaspin; derrière eux venaient deux autres personnages difficiles à reconnaître sous les chèvrefeuilles et les lilas en fleurs.

Le roi se retournant vers Louvois :

— En effet, dit-il, voilà bien M. de Lavernie.

La marquise avait déjà fait signe aux quatre personnages, et ceux-ci s'avançaient à la rencontre du roi, qui, lui aussi, marchait machinalement de ce côté.

— Est-ce que Votre Majesté a quelque chose à demander à ce gentilhomme, dit la marquise avec une curiosité naïve?

— Mais oui!

— Approchez, monsieur, s'écria madame de Maintenon.

Gérard s'approcha respectueusement.

Louvois eût donné un million pour être parti dix minutes plus tôt.

— Où étiez-vous hier au soir, monsieur, demanda le roi ; vous aviez quitté Versailles ?

— Sire, c'est vrai.

— Pourquoi faire ?

— Pour chercher quelqu'un dont M. Racine avait besoin.

— M. Racine ?

— Il est là, dit vivement Gérard ; Votre Majesté voudrait-elle l'interroger ?

— M. Racine, appela la marquise, venez !

Le poète accourut à son tour.

— Bonjour, Racine, dit le roi, qu'avez-vous donc fait hier, pour employer M. de Lavernie ?

— Oh ! sire, M. le comte a été pour moi une Providence.

— Bah !... en quoi ?

— En ce que me voyant sans musique pour mes strophes et mes chœurs d'*Athalie*, ce dont je m'étais plaint devant M. l'évêque de Troie, son ami, M. le comte s'est chargé de me trouver musique et musicien, et m'a procuré l'un et l'autre, au-dessus de tout éloge.

— Voyez-vous cela, dit le roi, qu'est-ce que ce musicien?

— Il a un nom tout musical, sire, on l'appelle M. Belair.

— Belair! s'écria le roi stupéfait.

— Belair! murmura Louvois.

— Un virtuose de premier talent, dit la marquise; je veux profiter de cette circonstance pour le présenter à Votre Majesté.

— Il est ici?... demanda Louvois à son tour.

— Approchez monsieur Belair, dit la marquise.

Belair parut, radieux et beau comme le jeune Apollon épris de Daphné.

— C'est là M. Belair, fit le roi, étourdi

de cette présence et de cette présentation.

Louvois étendit les bras comme s'il rendait les armes.

— Eh bien ! mais ces prétendus fugitifs sont tous les deux retrouvés, glissa le roi à l'oreille de son ministre.

— Ce qui ne prouve pas, dit Louvois irrité, qu'ils n'aient point disparu cette nuit.

— Qu'avez-vous fait cette nuit, demanda brusquement le roi au musicien?

Celui-ci baissa modestement les yeux.

— Sire, dit-il, veuillez interroger M. Racine.

— Alors, répondez, Racine.

— Il est certain, dit le poète, que M. Belair ne veut point se louer lui-même. Mais je le ferai pour lui. Sire, M. Belair a fait cette nuit un chef-d'œuvre.

— Ah! par exemple, voilà qui est fort, s'écria Louvois.

— N'est-ce pas, monseigneur, que c'est fort, dit naïvement le poète, dix-sept strophes mises en musique depuis hier au soir, et quelle musique!... les parties copiées et bonnes à étudier ce matin — c'est un vrai tour de force.

— Vous dites que monsieur a composé de la musique cette nuit?

— Dix-sept strophes, oui, monseigneur.

— Vous l'affirmez?

— Je l'ai vu.

— Vous avez vu M. Belair cette nuit?

— J'ai fait plus, monseigneur, je l'ai tenu sous clé.

— De mieux en mieux, gronda Louvois, pourpre de dépit.

— Comment, sous clé? demanda madame de Maintenon.

— Oui, madame, j'étais fou de douleur en songeant qu'on répétait aujourd'hui

Athalie, sans les chœurs, faute de musique. M. de Lavernie m'avait promis de m'amener un musicien et avait amené monsieur. Monsieur s'était engagé à me livrer la musique ce matin. Cet engagement m'a paru téméraire, et pour conjurer toute mauvaise chance, j'ai enfermé mon musicien.

— Où cela? s'écria Louvois exaspéré.

— Mais dans une chambre contigue à celle où je dormais.

— Et monsieur a travaillé dans cette chambre?

— J'en réponds, dit Lavernie, je ne l'ai pas quitté.

— Et j'ajouterai, dit Racine, que le tour de force a eu lieu, puisque c'est moi qui, ce matin, ai porté à déjeûner à mes deux oiseaux dans la cage; le rossignol avait pondu dix-sept mélodies, dont, j'espère, Votre Majesté approuvera le ton religieux et suave.

— Qu'en dit M. de Troie? demanda Louvois, fou de chagrin. M. de Troie, n'était-il pas aussi dans cette fameuse chambre?

— Non, monseigneur, répliqua Jaspin

avec candeur, je n'étais point avec ces messieurs, forcé que j'étais d'accomplir un devoir de charité.

— En vérité, dit Louvois railleur. Quelque sollicitation, peut-être?

— Oui, monseigneur.

— N'est-ce pas auprès de M. de Pontchartrain?

— Précisément, monseigneur.

Le roi et Louvois se regardèrent.

— Et que demandiez-vous à Pontchartrain, M. l'évêque? dit Louis XIV.

— La faveur de faire transférer dans une prison plus douce une pauvre femme soumise aux rigueurs de la Bastille.

— Et de quoi vous mêliez-vous? s'écria brutalement Louvois.

— Monseigneur, c'est le devoir d'un prêtre d'être charitable!

— Vous appelez charité la rébellion contre les archers, l'enlèvement d'une prisonnière!

— On l'a enlevée? dit Jaspin avec un éclair joyeux sur les traits; ah! tant mieux, pauvre petite, la voilà libre!

— Vous entendez, sire, bégaya Louvois dans le triomphe de sa rage; voilà comment on brave les lois!

— Au fait, dit le monarque à Jaspin, à quel titre cette prisonnière vous intéressait-elle?

— Rien de plus naturel, sire : c'est la femme de mon filleul, c'est moi qui l'ai mariée, voilà pourquoi je sollicitais pour elle M. de Pontchartrain; voilà encore pourquoi je me réjouis qu'elle soit libre.

Devant cette évangélique candeur, devant cette bonhomie irrésistible, le roi s'adoucit et se dérida soudain. Louvois terrassé roula encore une fois au fond de son piége.

Il prit le rapport du lieutenant de police, le déchira en mille morceaux, qu'il éparpilla dans l'air d'un geste furibond.

— Monsieur, dit-il à Racine stupéfait et tremblant de toute cette scène, vous n'aviez fait encore qu'une comédie, je crois; faites-en d'autres, vous y réussissez à merveille.

— Plaît-il, monseigneur? balbutia le poète effaré.

— Vous aviez la clé de la chambre où travaillait ce musicien à ses dix-sept strophes?

— Oui, monseigneur.

— Aviez-vous aussi la clé des fenêtres?

— Je ne comprends pas, monseigneur.

— Méditez ce moyen dramatique et couchez-le dans la première comédie que vous écrirez.

En disant ces mots, Louvois fit une révérence et disparut d'un pas précipité comme une course.

— Qu'a donc M. de Louvois? dit la marquise en s'approchant de l'oreille du roi, ne trouvez-vous pas qu'il a les yeux hagards : est-ce qu'il deviendrait fou?

— J'y veillerai, répliqua le roi.

— Allons répéter *Athalie*, avec les chœurs, s'écria tout haut la marquise.

Belair et Gérard, en voyant s'enfuir le terrible ministre, échangèrent un coup-d'œil qui signifiait bien des choses.

— Enfin, dit encore le roi tout bas à la marquise, expliquez-moi l'intérêt qui porta M. de Lavernie à chercher un musicien pour Racine, et à s'enfermer avec ce musicien toute une nuit : c'est de la mélomanie un peu bien étrange.

— Nullement, sire, répliqua la marquise : est-ce que ce n'est pas mademoiselle Van Graaft qui chante le rôle de Salomith; est-ce que le fiancé n'a pas le droit de s'occuper de sa fiancée? M. de Caylus n'en a-t-il pas fait autant pour ma nièce, à l'occasion d'*Esther?*... Est-il donc si étrange que M. de Lavernie, qui connaît ce parfait musicien, l'ait été chercher à la hâte, l'ait amené à Racine, l'ait forcé au travail — on sait les musiciens paresseux ; — et enfin peut-on s'étonner qu'il ait passé la nuit à stimuler son ami, dans l'intérêt du rôle de sa fiancée! Vous me direz tout à l'heure, en écoutant mademoiselle Van Graaft, si M. de Lavernie a eu tort.

— Vous avez raison, comme toujours, Madame, et ce Louvois est un vilain esprit.

Jaspin soupira béatement. Racine, s'approchant de la marquise :

— Est-ce que j'aurais eu le malheur de déplaire à M. de Louvois ? demanda-t-il.

— Qu'importe ! s'écria le roi d'un ton qui marquait toute sa prévention contre Louvois. Qu'il vous suffise de me plaire, M. Racine !

Et comme on était près des bâtiments de Saint-Cyr, la conversation finit là.

Cependant Louvois sauta dans sa calèche, prit avec lui un valet, et lança ses chevaux sur la route de Versailles.

Il n'avait pas été dupe, lui. Il avait bien deviné la manœuvre des deux amis. Jaspin demandant la translation de Violette, Gérard conduisant Belair chez Racine : celui-ci enfermant de bonne foi son musicien; Belair et Gérard s'échappant par une fenêtre, courant sauver leur prisonnière et revenant au matin dans leur propre prison. Oui, le ministre avait deviné tout cela. Mais comment le prouver, et pourquoi le prouver? N'est-il pas de ces secousses qui épuisent un lutteur? de ces flots opiniâtres qui noient un nageur?

Jaspin, Gérard, Belair, Violette, la marquise, étaient l'avant-garde du genre humain, ligué contre Louvois. Après eux venait le sorcier de Sâlon, qui avait conseillé la paix au roi. Derrière tout cela venait le roi vieillissant, et ce fantôme odieux de la paix avec son rameau d'olivier qui faisait à Louvois l'effet du goupillon bénit d'un exorciste sur le démon qu'il exorcise.

Comment résister à tant d'ébranlements? Comment balancer ce pouvoir invisible de la femme qui, à chaque minute, tramait une maille du réseau dans lequel Louvois devait finir par se trouver enveloppé.

Et les chevaux volaient sur la route avec un tel fracas, que le valet, si près de son maître, n'eût pu entendre un mot de ce qu'il grommelait tout haut.

Arrivé à l'hôtel de la surintendance, à Versailles, Louvois jeta les rênes aux mains de cet homme et monta chez lui. A peine s'aperçut-il que l'escalier, les vestibules, les antichambres étaient encombrés. Il passa dans son cabinet et se roula en furieux dans ses dépêches et ses notes.

Les sonnettes appelèrent à la fois tout le monde.

—Qu'on me cherche Desbuttes! cria-t-il en se mettant à son bureau.

Louvois tenait la plume, une plume ailée qui courait sur le papier, avec un cri sinistre. Les gros et longs caractères de l'écriture magistrale du ministre, noircissaient rapidement les pages entremêlées de chiffres, qu'il puisait avecune effrayante facilité dans un livre ouvert devant lui.

Les secrétaires debout et oisifs, attentendaient de la besogne.

— Un courrier! cria-t-il !

Louvois relut et cacheta lui-même la

première dépêche. Une seconde fut expédiée par lui avec la même vitesse. Cette plume frénétique volait, et, à mesure que le papier se chargeait, le fiel s'évaporait du cœur de ce démon, une joie lugubre illuminait son visage. Il mit lui-même la suscription sur cette dernière missive.

— Autre courrier ! cria-t-il encore, quand il eut appliqué son large cachet sur la nappe de cire bouillante. — Le sieur Desbuttes est-il arrivé ?

— Oui, monseigneur, il attendait dans l'antichambre depuis tantôt.

— Qu'il entre !

Un aide-de-camp parut.

— Les courriers sont bottés, monseigneur.

— Qu'ils viennent prendre les dépêches de ma main... Sortez tous !

Chacun se retira.

Desbuttes entra pâle et tremblant.

— Ah ! vous voilà, vous ! votre fortune dépend de ce que vous m'allez répondre.

— Oh ! monseigneur, dit piteusement

le petit homme aux jambes torses, elle est bien aventurée ma fortune, s'il est vrai que vous ayez l'intention de lever une taille sur les gens de finance! On le dit.

— Il sait déjà tout! murmura Louvois. Quoi! des espions, des serpents jusque dans mon portefeuille!

— Est-ce que monseigneur ne fera pas une exception en ma faveur, fit Desbutbuttes en joignant les mains; je serais ruiné...

— Nous verrons... méritez-le!

— Je suis prêt, monseigneur.

— Vous allez partir.

— Oui, monseigneur.

— Avec un carrosse.

— J'en ai un.

— Pour Lavernie.

— Ah!...

— Vous rendrez visite à ce chirurgien paralytique dont vous me parlâtes à Mons, et qui sait, dites-vous, tant de choses.

— Oui, monseigneur.

— Vous lui proposerez de venir à Paris.

— Il refusera.

— Voilà pourquoi je vous ai dit de prendre un carrosse. Vous y jetterez cet homme et l'amènerez ici.

— Mais, monseigneur.

— Sans que personne vous ait vu.

— Oh !

— Sans que personne vous ait soupçonné.

— Monseigneur !

— Je vous donne six jours.

— Oh! monseigneur, cent cinquante lieues!

— Tuez cent cinquante chevaux et obéissez!

L'aide-de-camp gratta à la porte.

— Les courriers! dit-il.

Louvois se leva et prit ses dépêches en apercevant ses deux messagers favoris. Deux aigles pour le courage, deux hirondelles pour la vitesse.

— Toi, Jolyot, dit-il tout bas au premier, à l'armée de Catinat! Ventre à terre, et cinquante louis si tu marches nuit et jour!

Le courrier s'enfuit avec la lettre.

— Toi, Bonfils, dit-il au second, à Bâle! au Conseil fédéral! brûle la route!... Cent louis si tu ne mets que trois jours!

Le deuxième courrier s'élança par les degrés.

— Comment, Desbuttes, s'écria Louvois en se retournant, vous n'êtes point déjà à la barrière?... Alerte, alerte.

Et il poussa le financier hors de son cabinet par les épaules.

On entendit rouler un carrosse entre deux galops de chevaux.

— Ah! dit alors Louvois, ah! mon maître, tu veux faire la paix et chasser ton serviteur. — Ingrat!... Ah! tu veux éteindre les incendies; eh bien! tâche d'éteindre celui que Catinat va allumer aux quatre coins de chaque ville du Savoyard; éteins-le! Je t'offre pour cela un fleuve de sang, qui coulera de Bâle à l'autre bout de l'Europe.

Quant à vous, douce maîtresse, vous m'avez fait venir de Sâlon un sorcier qui a raconté au roi les secrets de sa première épouse. Eh bien, moi, je vais vous en amener un de Lavernie, pour qu'il dise à Sa Majesté les secrets de sa seconde femme.

Guerre au dehors, guerre à Versailles, guerre partout!... C'est bien le moins qu'on garde un pauvre ministre pour tant de guerres!...

III

PETITE RÉPÉTITION D'UNE GRANDE PIÈCE.

Saint-Cyr était l'œuvre de madame de Maintenon. Cette illustre femme, qui avait souffert avant de devenir reine, voulait laisser sur terre quelque chose de plus qu'un souvenir de sa grandeur ; elle prétendit et réussit à y laisser un témoignage de sa reconnaissance envers Dieu qui-l'avait élevée. Le remercîment des grandes ames à la divinité protectrice s'appelle la charité, et il est rare que la charité ne laisse pas sur son passage des fondations plus solides que la victoire.

Malgré toutes les oppositions, malgré les comptes de Louvois, qui craignait de dépenser trop, admirables comptes, il faut bien le dire, puisqu'ils étaient justes, la marquise bâtit Saint-Cyr, Mansard fit les plans. Le travail dura quinze mois et coûta quinze cents mille livres. On reprocha beaucoup à l'architecte d'avoir fait le rez-de-chaussée trop bas, d'avoir amené trop d'eau dans la maison, d'avoir placé la porte de l'église derrière des remises et d'avoir réuni les confessionnaux et les orgues. Tous ces défauts firent crier. Mais la fondatrice installa son idée et son bienfait quinze mois plus tôt qu'elle n'eût fait avec la perfection. Ces quinze mois de charité rachètent bien des péchés géométriques.

Deux cent cinquante jeunes filles de noblesse, toutes appartenant à des familles pauvres ou privées de leur chef, recevaient, sous la direction de quatre-vingts dames religieuses ou converses, une éducation à la fois solide et brillante, de sept ans à vingt accomplis.

Les élèves étaient habillées uniformément d'une étamine brune du Mans, avec manteau et jupes pareils. L'été, d'un jupon de toile écrue; — jupon de ratine rouge en hiver.

La coiffure se composait d'un bonnet blanc piqué, avec plusieurs rangs de réseau plissés par devant et noués de plusieurs nœuds de rubans, dont la couleur variait suivant la classe dont elles faisaient partie; il y avait quatre classes à Saint-Cyr.

Louis XIV avait permis à cette maison ses livrées à perpétuité; le régime était simple, doux, plus moral que religieux; les jeunes filles étaient punies par un ruban noir, récompensées par un ruban de feu.

C'était au milieu de ces jeunes enfants ou de ces grandes filles prêtes à entrer dans le monde, dotées d'un esprit et d'une raison comme elles l'étaient d'un douaire, que la marquise venait chaque jour s'enfermer, fuyant le monde qu'elle n'avait pu réformer et s'appliquant à en créer un de sa façon, selon son intelligence et son cœur.

Saint-Cyr était devenu le rendez-vous de tous les grands prélats, de tous les humbles prêtres, instituteurs par la science ou par l'exemple, et la marquise avait long-temps flotté entre le désir inspiré au roi par quelques fanatiques, de fonder une pépinière de religieuses austères, et l'instinct qui la poussait, elle, à former de bonnes mères de famille pour cette noblesse à laquelle un si incertain avenir était réservé.

Aussi ne négligeait-elle jamais de mêler à ses leçons quelques-unes de ces fleurs qui éclosent dans les sentiers du monde, poésie, musique, et peinture.

Admirable écrivain, la marquise, dont le style dit toujours ce qu'il veut dire, ne dédaignait pas d'apprendre à ses élèves quelque chose de plus que la sèche grammaire; de même qu'elle leur enseignait quelque chose de plus que le strict catéchisme.

Voilà ce qu'était Saint-Cyr, lorsque Racine y fut appelé pour faire représenter la tragédie d'*Esther*. *Esther* partie de Saint-Cyr, fit le tour de l'Europe. C'était la première fois qu'une communauté religieuse portait bonheur au théâtre.

Après *Esther* vint *Athalie*, et nous avons

vu comment madame de Maintenon, pour effacer le bruit de la première pièce, malgré l'auteur qui en eût demandé plus encore, avait convoqué un petit aréopage de gens religieux, droits et dévoués à son institution, pour lui donner un avis sincère et plus encore une garantie qui consacrât indéfiniment son droit à la propagation d'une éducation comme elle l'entendait, c'est-à-dire mondaine pour l'esprit et religieuse pour le cœur.

Louis XIV qui avait de sa main rédigé un plan et des constitutions pour Saint-Cyr, arrivait fort intéressé dans cette discussion de son œuvre.

Quant à la marquise, nous verrons peut-être combien la réunion des juges avait pour elle d'objets divers et d'intérêts opposés.

On vit donc entrer dans l'une des salles du premier étage, le roi, la marquise et l'auteur d'*Athalie*, suivis à distance de Jaspin et de Belair.

Ce dernier surtout se dissimula de son mieux derrière des pupitres disposés pour la répétition. Gérard placé, par une faveur inouïe, derrière l'estrade de la maîtresse, au bas de laquelle devait s'asseoir le roi, fit un muet salut à Rubantel, que

Jaspin avait eu le crédit de faire placer sous une tapisserie, dans un endroit couvert, où les regards du roi n'eussent pu l'aller rencontrer.

Le roi avait trouvé dans la salle une de ces sociétés qu'il aimait à voir au sortir de ses campagnes. L'or des broderies et des cuirasses, les panaches, les armes fulgurantes, avaient-elles fatigué ses yeux, il se reposait l'âme et la vue sur les figures calmes, sur les habits sombres et uniformes des gens d'Église. Calme trompeur, sans doute, simplicité menteuse, trop souvent : mais excepté Dieu, quel homme et quelle chose ne mentent point aux rois!

Louis XIV trouva donc réunis : son confesseur, le père Lachaise; l'archevêque de Paris, M. de Harlay, et quelques autres ecclésiastiques.

Tandis qu'il s'entretenaient avec eux, madame de Maintenon visitait les pupitres et questionnait ses élèves actrices dans le cabinet voisin. Racine relisait fiévreusement son manuscrit, avec la crainte d'y trouver des allusions dangereuses ou des situations profanes. Gérard, de sa place, guettait l'arrivée des actrices. Belair corrigeait sur les cahiers les fautes qu'une copie rapide y avait pu oublier.

Entre le roi et les ecclésiastiques, l'entretien préliminaire prit d'abord beaucoup d'importance, Jaspin, sur un signe de la marquise, s'approcha.

Il était fort mal à l'aise, le digne homme, et le roi, questionnant un nouveau venu, n'était pas toujours encourageant. Mais lorsqu'on est évêque dans le diocèse de Troie, et qu'on a Homère pour paroissien, l'on se doit de marcher tête haute à l'assaut des propositions théologiques, comme le soldat qui vient d'être élevé à un grade se doit d'affronter sans hésitation le poste le plus périlleux.

Il y avait dans le groupe noir un honnète ecclésiastique, supérieur des lazaristes, M. Durand, farouche ennemi, de bonne foi, des spectacles en général et de la tragédie en particulier. Il y en avait un autre, M. Hébert, curé de Versailles : ces deux prêtres se consultaient du regard depuis le commencement de la séance.

Le roi qui lut dans leurs yeux leur hésitation, et qui savait lire, s'empressa de déclarer, croyant les mettre à l'aise, que l'on allait entendre d'abord cet ouvrage, bien que l'esprit tout moral et tout religieux de l'auteur fût rassurant, pour juger de l'opportunité d'une récréation, que rien dans les règlements ne semblait devoir interdire aux demoiselle de Saint-Cyr.

En disant ces mots, le roi s'installa dans son fauteuil, comme décidé à soutenir une argumentation solide de *commodo et incommodo spectaculorum*.

Déjà le monarque agaçait de l'œil et provoquait au combat les sombres champions qu'il supposait avoir aiguisé leur dialectique. Appel au confesseur, appel à l'archevêque, appel à ce nouveau foudre d'éloquence, qu'on avait nommé évêque de Troie, appel enfin au curé et au lazariste; le manuscrit tremblait aux mains du pauvre Racine.

Mais les deux opposants, M. Durand et M. Hébert, saluant avec un respect tout guindé, déclarèrent que, ne reconnaissant point la possibilité d'une exhibition dramatique quelconque, ils préféraient ne pas chagriner le roi par des discussions qui pouvaient entraver les plaisirs de la marquise. Ils se réservaient, dirent-ils, d'écrire loyalement leur façon de penser, que sans doute il ne se sentaient pas l'éloquence nécessaire pour faire triompher en présence d'un tribunal imposant comme celui du roi, et devant des adversaires redoutables, comme M. l'évêque de Troie, qui s'annonçait, dit-on, favorable aux représentations de Saint-Cyr.

Le roi, fort surpris et inquiet, se leva. Le père Lachaise, au lieu de le prier de se rasseoir et de forcer la discussion sur l'heure, consulta un regard de l'archevêque, qui enchaîna sa langue. Le père Lachaise se tut, Jaspin aussi. Ce fut heureux surtout pour ce dernier, qui se donnait, depuis quelques minutes, beaucoup de peine pour chercher les moyens de fuir honorablement le combat.

Les deux opposants, après leur prolégomène, firent une deuxième révérence et se retirèrent, trop heureux d'échapper au terrible Jaspin-Augustin-Chrysostôme.

La marquise désolée, essaya vainement de les retenir.

— Madame, lui dit tout bas l'archevêque, je vous supplie de n'en rien faire.

Alors le roi, craignant de paraître, en restant, choisir, parmi les adversaires, alors qu'ils ne s'étaient pas donné la peine de discuter, le roi si timoré en matière religieuse, se tourna vers la marquise.

— Il me paraît, dit-il, madame, qu'on n'est pas encore assis sur un terrain nivelé. Nos guides ne savent point s'y diriger eux-mêmes, comment nous hasarderions-nous? Quant à moi? je déclare que j'attendrai.

— Oh! sire, s'écria Racine, si Votre Majesté eût seulement écouté le premier acte.

— Ces admirables chœurs de M. Belair, dit Jaspin timidement.

— Composés cette nuit, dit la marquise, et que nos filles chantent merveilleusement bien après trois heures seulement d'étude.

Le roi regardait toujours fuir le lazariste et le curé. Plus on insistait pour le faire demeurer, plus il se souhaitait dehors; il croyait voir partir les anges et tremblait de rester en société des démons. S'étant soulagé par quelques mots polis à Racine, par quelques gracieusetés à la marquise, il retourna vivement à Versailles.

On voyait par le cabinet ouvert à deux battants, les belles jeunes filles, déjà installées à leur pupitre, et Antoinette,

adossée tristement au chambranle de la
porte, cherchait en vain dans la salle,
Gérard qui la dévorait des yeux et ne
pouvait se faire voir d'elle, sous peine
de prouver *à priori*, en se démasquant,
combien c'est chose profane, au couvent,
que le théâtre, et à quel point les lazaristes et les curés ont raison, lorsqu'ils
prohibent les tragédies jouées par des
filles.

Le roi parti, la marquise ordonna aussitôt à M. de Lavernie, de fermer cette
porte du cabinet. Le jeune homme sortit
de sa cachette et obéit avec un soupir —
joie et chagrin : il allait être vu de sa

fiancée, au moment même où il la séparait de lui.

Mais on ne manque point assez de génie quand on aime, pour oublier qu'une porte se tire par le dehors comme par l'intérieur, et lorsque les doigts s'appliquent sur le dehors, ils semblent appeler le frôlement d'une main secourable, qui, de l'autre côté, peut aider à refermer cette porte.

C'est ce qui ne manqua point d'arriver. Aussitôt qu'Antoinette eut aperçu Gérard, elle laissa voler vers lui son cœur avec son regard ; leurs yeux se croisèrent dans ce court moment, leurs mains se rencontrèrent sur la froide serrure, et ce bonheur immense ne coûta pas un remords à la conscience de madame de Maintenon, puisqu'elle ne voulut pas même voir leur sourire.

Les filles parties, le roi dehors, la scène changea étrangement de face, aux yeux de l'observateur. Racine, Gérard et Belair furent congédiés, ainsi que Rubantel avec une rapidité qu'ils ne pouvaient comprendre; la marquise fixa un nouveau rendez-vous : poète, musicien et fiancé, prirent congé, l'un le cœur gros, Rubantel dépité d'avoir manqué le spectacle, les autres sournoisement allègres, à mesure qu'ils s'éloignaient.

La marquise recommanda de loin à Belair de se tenir prêt et de venir quelquefois pour ses leçons — à Racine, d'avoir bon courage, à Gérard de prendre patience. — Jaspin, qui se préparait à les suivre, fut arrêté tout net par un *restez!* qui n'eût pas déparé le : *sortez!* de *Bajazet*, s'il eût été adressé à Racine.

— Oui, restez! ajouta la marquise, ces messieurs parleront volontiers devant vous, monsieur l'évêque.

Et à peine les profanes étaient-ils exclus du temple, que la scène changea encore d'aspect. L'archevêque, que la présence de Jaspin gênait bien un peu, alla pourtant fermer les portes, emmena le père Lachaise au milieu même de la chambre, et, s'adressant à madame de Maintenon, tandis que Jaspin restait ébahi de ces préparatifs mystérieux :

— Madame, dit-il, en saccadant chaque mot, comme s'il craignait de faire entendre deux paroles de suite, nons avons eu l'honneur, le père Lachaise et moi, de vous prier de nous ménager cette entrevue secrète pour vous annoncer une lettre de N. S. Père le pape. N. S. Père a pris conseil de sa cour et consulté les souveraines intelligences qui dirigent la plupart des cours européennes ; voici autant que vous en pourrez juger, sa réponse littérale, tracée en chiffres, dans la dépêche qui nous est parvenue. Permettez que je vous la transmette, ayant médité depuis tantôt chaque caractère du message de concert avec le révérend père Lachaise, que j'en prends à témoin.

Le confesseur du roi fit un signe d'assentiment.

— Que vais-je entendre? se dit Jaspin,

petit comme un atôme en face de ce conciliabule qui prenait toutes les allures d'une conspiration de cour. M. de Harlay tira un épais papier des profondeurs de sa poche de velours, — ses archives, comme on sait.

— J'écoute, Messieurs, dit la marquise fort calme en apparence, bien que le sang eût tout-à-fait abandonné ses joues pour affluer au cœur avec impétuosité.

— Madame, dit l'archevêque, qui n'était plus cet écervelé oublieux, que nous avons vu, mais un rusé diplomate, riche d'une mémoire à cent compartiments,

N. S. Père, voit avec douleur la guerre qui déchire l'Europe et divise les princes chrétiens. Assurément, le principal auteur de cette guerre, le prince d'Orange, n'est point catholique, et l'intérêt apparent de l'église serait qu'on le poursuivît jusqu'à sa ruine, mais il réunit aujourd'hui deux couronnes, et peut faire durer si longtemps la lutte, qu'elle devienne fatale aux catholiques qui la soutiendront. N. S. Père pense donc qu'il vaudrait mieux essayer de la paix, et vous supplie d'intercéder auprès du roi pour l'obtenir.

Telle est la première partie de sa lettre, voici maintenant la seconde. Permettez-moi, madame, de garder le silence, pour laisser la parole au confesseur de Sa Majesté. Il s'agit de scrupules trop délicats pour être traités par une personne aussi étrangère que je le suis à la confiance du roi.

— Parlez donc, monsieur, dit brièvement la marquise au père Lachaise.

— Madame, dit le jésuite, N. S. Père voit avec douleur la position mixte et fausse où se trouve le roi à la face de toute l'Europe, depuis ce mariage clandestin que votre désintéressement refuse de publier comme il devrait l'être. La paix revenue en Europe, N. S. Père estime que le bon exemple doit être donné par le roi très-chrétien, fils aîné de l'Eglise, et il vous adjure en conséquence de faire déclarer au plus tôt ce mariage, assurée que vous serez, dit-il — et c'est écrit — de son assentiment et de celui de deux des princes souverains les plus considérables, qui sont Sa Majesté Guillaume III, roi d'Angleterre, et le duc de Savoie, reconnaissants tous deux des bons offices que vous avez perpétuellement rendus à la cause de la pacification générale. N. S. Père ne doute pas que vous ne vous empressiez de faire cesser tout schisme, toute guerre et tout scandale, par une prompte exécution de la loi naturelle et religieuse, puisque vous êtes déjà la femme du roi, de fait et devant Dieu.

La marquise baissa la tête, incapable de porter, sans fléchir, cette fortune que le ciel envoyait une seconde fois à sa noble ambition.

— C'est pourquoi, reprit l'archevêque, nous supplions Votre Majesté d'obtempérer au désir de N. S. Père, et d'en finir avec la guerre qui ronge la prospérité de ce royaume, et avec la calomnie qui ronge toute la splendeur de votre renommée.

Elle releva son front pensif et pâle.

— Messieurs, dit-elle, cette paix que vous me demandez, nuit et jour, je travaille à l'acquérir. Je prie Dieu, Je supplie le roi, je tends la main à tous ceux qui, comme moi, désirent le bien de l'Etat, le repos de l'humanité. Mais, j'ai un adversaire, toujours terrassé, toujours renaissant. En vain, le ciel fait-il des miracles, comme celui de Sâlon, par exemple, pour éclairer le roi, comme ma rencontre avec le roi Guillaume à Saint-Ghislain, pour concilier des inimitiés réputées implacables, l'adversaire dont je vous parle efface l'effet de chaque miracle, il veut la guerre, il la fait, il la fera. Prenez garde, Messieurs, j'ai déjà reculé, moi, devant cette terrible tâche, personne ne m'y ayant aidée. N. S. Père lui-même échouerait. Vous qui m'apportez son message, et qui me conseillez de faire la paix en Europe, m'apportez-vous les moyens d'y parvenir?

Jaspin, a ces paroles, trembla de voir jaillir du parquet l'ombre irritée du redoutable Louvois.

L'archevêque, regardant de tous les côtés, trahit par sa pantomime effrayée, son refus de choisir une franche attitude.

Le jésuite, lui, prit courageusement la sienne.

— Voici, dit-il, ce que j'apporte, moi qui obéirai toujours sans biaiser à N. S. Père et à ma conscience. A partir de ce soir, j'instruirai le roi du danger que court son ame dans cette voie oblique. Peut-être ne ferai-je que répéter les avis salutaires apportés au roi par le visionnaire de Sâlon; mais enfin, je les appuierai de toute mon autorité. Je pousserai le roi à déclarer son mariage, et je m'engage à cesser de diriger sa conscience, s'il ne s'engage à reconnaître publiquement sa femme; voilà, dis-je, mon contingent; j'ajouterai que toute la société de Jésus marche derrière ma parole.

— Merci, mon père, dit la marquise en saluant avec un regard lumineux de reconnaissance la promesse si fermement accentuée du père Lachaise — et vous, monseigneur, que ferez-vous?

L'archevêque, une seconde fois interpellé avec cette vigueur, n'osa plus tergiverser.

— C'est, dit-il, je le déclare, un choix à faire entre madame de Maintenon et M. de Louvois.

Et il s'arrêta pour ébaucher un timide sourire.

— Mais le maréchal de Sâlon a-t-il commencé l'œuvre, — pouvons-nous continuer utilement ?

— Le sais-je, monsieur ? répliqua fièrement la marquise.

— Eh bien, madame, le choix peut-il être douteux ? dit M. de Harlay en couvrant son ambiguité d'une révérence.

— Vous avez entendu, monsieur l'évéque, dit la marquise à Jaspin, vous êtes témoin.

Jaspin comprit alors pourquoi on l'avait fait rester.

— Alors, reprit le père Lachaise, vous ne me démentirez point; quoi qu'il arrive, en un mot, vous acceptez, madame?

— De votre main, oui, mon père!

—Eh bien, j'aurai l'honneur, madame,

de vous appeler, avant deux jours, votre Majesté.

L'archevêque sentit la cruelle leçon que le jésuite venait de lui faire, à lui, qui prononçait si cavalièrement, si hypocritement peut-être, le mot avant d'avoir osé attaquer la chose.

— Oh! j'ai l'avance sur vous, mon révérend père, dit-il en grimaçant un second sourire.

Et il fourrait déjà la lettre du pape dans sa terrible culotte.

La marquise voulut bien lui faire l'honneur de supposer qu'il agissait avec distraction.

— Monseigneur, dit-elle, pardon; je ne voudrais pas que vous perdissiez encore ce papier-là; veuillez me le remettre ou le donner au père Lachaise.

M. de Harlay s'empressa de donner le bref à la marquise.

Et comme le jésuite scellait encore son engagement d'un regard clair et loyal, l'archevêque aima mieux baisser les yeux et mettre une main sur son cœur.

— A demain, dit le père Lachaise.

— A demain, répliqua la marquise.

— A toujours, minauda le prélat.

Tous deux sortirent.

La marquise retenant Jaspin :

—Eh bien, dit-elle, monsieur, vous traité-je en amie, et me livré-je honnêtement à vous ? êtes-vous bien maintenant mon confesseur ?

— Oh madame ! répliqua le digne homme en s'agenouillant, comptez sur moi, malgré tout, quel que soit le péril qui me menace ! Il n'y a rien que je préfère à vous, en ce monde. — Pardon, il y a quelqu'un.

— Gérard, n'est-ce pas ?

— Oui, madame.

— Je vous le permets, dit-elle avec un sourire. Oui, sacrifiez-moi à lui ; mais une fois reine, croyez-vous que je ne saurai pas le défendre? Après-demain, il est sauvé. A propos, que pense votre probité du jésuite et de l'archevêque qui sortent de chez moi?

— Que c'est l'archevêque qui est le jésuite, et qu'il a encore plus peur que moi de M. de Louvois, répliqua Jaspin.

IV

LA MAISON DU PONT MARIE.

Lorsque Gérard et Belair furent sortis de Saint-Cyr et revenus à Versailles avec Racine et Rubantel, ils demandèrent à celui-ci ce qu'il comptait faire, puisque la répétition manquée avait dérangé ses plans pour le reste du jour.

— Je ne sais, répliqua le vieux soldat d'un ton chagrin. Il n'y a que moi à qui des malheurs pareils arrivent. Ne croyez-vous pas que ce soit une comédie?

— Non, dit Racine naïvement, c'est une tragédie, monsieur le marquis.

— Eh! je ne vous parle pas de votre pièce, M. Racine, s'écria Rubantel, de mauvaise humeur, je vous demande si cette répétition n'a pas manqué par quelque comédie qui se sera jouée entre le roi et les curés grands et petits qui se trouvaient là?

— Peut-être bien, dit Racine aussi triste que Rubantel et qui ne comprenait pas que le vieux soldat faisait de son exclusion une question toute personnelle.

— J'étais un intrus là-dedans, ajouta Rubantel, et l'on s'est empressé de me mettre dehors. Voilà à quoi m'a servi la protection de mon ami M. l'évêque de Troie. Oh! j'aurais dû me méfier de sa Grandeur!

— Allons, dit Lavernie en souriant, ne vous en prenez point à ce digne Jaspin, le plus sincère des hommes.

— D'accord, mais enfin l'on m'a mis dehors.

— Et moi aussi, dirent Belair et Gérard.

— Et moi aussi, soupira Racine.

— Oh! vous autres!... grommela Rubantel avec une grimace bouffie de réticences.

— Eh bien, quoi? dit Gérard.

— Eh bien, vous, s'écria le général incapable de garder ce qu'il avait sur le cœur, vous m'allez souhaiter le bonjour poliment, vous allez continuer à me pousser dehors avec grâce, et quand j'aurai tourné les talons, vous rentrerez à Saint-Cyr par quelque petite porte et la répétion recommencera.

Exclamation des trois autres, protestations de Gérard : rien ne vainquit l'opiniâtre amour-propre du général.

— J'ai un moyen de vous convaincre,

hélas! monsieur le marquis, dit Racine, reconduisez-moi en voiture chez ma femme, à Paris, vous verrez si je retourne à Saint-Cyr! Que je voudrais, pour l'avenir d'*Athalie*, pouvoir rentrer a Saint-Cyr, mon manuscrit à la main, lorsque vous serez parti — mais non.

— On va bien se moquer de moi, répliqua Rubantel. Moi qui, sur l'invitation de notre ami Jaspin, avais laissé entendre à quelques personnes que j'allais à Saint-Cyr.

— Eh bien, vous y êtes allé.

— Oui ; mais cette répétition ?

— Je vous supplie, pour mon propre honneur, monsieur le marquis, s'écria Racine, de paraître y avoir assisté.

— Oh! oui... dirent Gérard et Belair en se serrant la main avec intention, oui, il est de la dernière importance qu'on croie que cette répétition a eu lieu, et que nous y avons tous assisté.

— Et moi je déclare que je l'affirmerai, dit Belair.

— Et moi aussi, assura Gérard.

— Moi, je ne me vanterai pas qu'elle

a manqué, murmura le désolé Racine ; mes ennemis auraient trop beau jeu.

— Me voilà donc forcé, dit Rubantel un peu réconcilié avec sa situation, de faire comme vous, et de soutenir que j'ai vu la répétition d'*Athalie*, C'est mentir, mais puisque me voici à Versailles, jour de Dieu ! je veux mentir comme les autres !

Chacun se mit à rire.

— J'ai encore une idée, continua Rubantel, c'est que je ne pourrai pas même faire ce mensonge-là.

— Pourquoi ?

— Parce que je ne connais pas un mot de la pièce, et que j'aurai l'air d'un âne si l'on m'en parle.

— Rien de plus aisé, répliqua Belair ; je vais vous apprendre le premier vers. Retenez bien ceci :

Oui, je viens dans son temple adorer l'Éternel.

Après avoir lancé ce vers-là, vous ferez le mystérieux, et cela vous suffira dans les compagnies.

— Il est vrai que ce n'est pas à dédaigner, dit Rubantel. Voyons :

Oui, je viens adorer dans son temple...

— Non pas, non pas, s'écria vivement Racine.

— Si fait, riposta Rubantel.

— Le vers serait faux !... prenez garde, insista Racine. A mon tour, j'ai une idée : au lieu de citer des vers détachés, dont M. le marquis ne se souviendrait peut-être pas, il fera mieux de venir avec moi, je lui raconterai la pièce et il sera tout-à-fait instruit.

— Ah! j'accepte, dit Rubantel. Partons, venez, Gérard, virtuose, venez!

— Nous connaissons la pièce, répliquèrent les deux jeunes gens.

— J'avais l'intention, dit Racine, de prier M. le marquis d'accepter mon modeste dîner.

— Et moi de vous mener tous dîner à la Pomme-de-Pin, dit Rubantel.

— Impossible, quant à nous, répondirent Gérard et Belair.

Et Gérard, tout bas à l'oreille de Rubantel :

— Emmenez Racine, dit-il.

Tandis que Belair disait tout bas à Racine :

— Emmenez M. de Rubantel.

Alors le général fit monter le poète dans son carrosse et reprit avec lui le chemin de Paris. Tous les quatre se faisant au départ autant de signes d'intelligence à feux croisés qu'une loge maçonnique en peut dépenser en dix séances.

Lorsque Gérard et Belair furent seuls :

— A nous deux, dit Belair, partons. Cette chère Violette doit être bien inquiète.

— Fort bien, répliqua Gérard, mais je suis encore plus inquiet que Violette. N'oubliez pas que M. de Louvois sait tout, et que si nous ne prenons des précautions inouïes, il saura bientôt la seule chose qu'il ignore, je l'espère du moins, il saura où nous avons caché Violette.

— J'en tremble, mon ami.

— Raison de plus pour être prudent ; il faut qu'on nous croie à Versailles ou dans les environs, il faut qu'on nous croie toujours à l'opposé de l'endroit où est la Violette. Nous allons commander un dîner quelque part, nous promener en attendant, et cette promenade, nous la ferons au galop, ventre à terre, par des chemins détournés.

— On nous suivra peut-être.

— Peut-être, mais je vais avec vous précisément pour veiller à cela. Vous courrez devant ; moi, l'arrière-garde, je m'arrêterai de temps en temps à cent toises de vous, et je verrai bien si quelqu'un nous suit. Pour nous suivre, il faudra que l'on coure, et malheur à ceux que je verrai courir derrière moi.

— Eh bien, mon bon ami, dit Belair, puisque vous avez des idées pour moi, et que vous acceptez le rôle de providence, j'abuserai. — A cheval! et partons! Nos chevaux sont au Grand-Monarque — près du réservoir; prenons-les, en commandant ce fameux dîner dont vous parliez.

Gérard saisit Belair par le bras.

— Autre faute! dit-il; des gens qui

vont dîner ne prennent pas leurs chevaux pour se promener. Il faut que nos chevaux restent à l'écurie; de-sorte que si l'on nous épie, on ne pourra pas croire que nous nous soyons beaucoup éloignés, nos montures étant à l'écurie.

— Alors nous irons donc à pied à Paris; c'est loin.

— Point du tout, nous allons nous promener du côté des écuries des mousquetaires. J'ai là de bons amis, on nous prêtera deux chevaux, nous sortirons par la petite porte qui donne sur le Cours-la-Reine, nous couperons par les vignes vers Saint-Cloud, nous traverserons le bois de Boulogne, et nous gagnerons le faubourg Saint-Germain. Il faut éviter à tout prix dans Paris, le quartier de l'hôtel Louvois, où rôdent toujours force espions. Une fois sur la rive gauche de la Seine, nous laissons les chevaux, pour plus de précautions, dans le quartier Saint-Jacques, et nous nous rendons à pied à l'endroit mystérieux. Voilà ce que c'est que d'être officier, mon cher, on improvise un plan de marche comme vous improvisez une chanson ou une sarabande. En route...

Belair ravi, obéit comme un écolier. Il suivit Gérard qui s'acheminait lentement, comme un majestueux promeneur, vers le cabaret du Grand-Monarque, et prit un bon quart-d'heure pour commander un dîner composé des mets les plus longs à préparer, tout en exigeant qu'on le fît dîner tout de suite. L'hôtelier le supplia de vouloir bien faire un tour de promenade en attendant; Gérard murmura beaucoup, et finit par consentir. A force de marcher dans les rues en faisant vingt détours, il remarqua qu'on ne le suivait point, et entra chez les mousquetaires. Un quart-d'heure après, il sortait avec son ami par la petite porte du Cours-la-Reine, et tous deux montés sur d'excellents chevaux prenaient la route à gauche au petit pas de promenade.

Gérard fit passer devant son compagnon, attendit quelques minutes pour voir si personne ne paraîtrait sur leurs traces, et n'ayant rien aperçu baissa la main et prit avec Belair un de ces trots allongés grâce auxquels on fait quatre lieues et demie à l'heure. Le soleil touchait à son déclin. La campagne était calme et parfumée : Les deux cavaliers observant de marcher au pas lorsqu'ils entraient dans quelque endroit peuplé, s'en dédommageaient par un galop enragé sur les chemins déserts.

Ils traversèrent de la sorte le bois où l'ombre commençait à s'épaissir, se jetèrent sur la rive gauche de la Seine, qu'ils passèrent dans le bac à la hauteur des Invalides, et s'engouffrèrent dans les rues de Paris jusqu'à la place Saint-André-des-Arts. Là ils mirent leurs chevaux dans une hôtellerie sûre, où Belair était connu, et, se secouant pour déroidir leurs jambes, se dirigèrent vers la rivière.

Le soir était venu ; le fleuve, tiédi par les chaleurs des jours précédents, roulait lentement ses eaux d'un vert d'émeraude, que cent baigneurs faisaient écumer sur les sables de l'île Saint-Louis et de l'île Louviers. La foule recherchant la fraîcheur sortait des maisons ou respirait aux fenêtres. Gérard et Belair, pour être moins vus, remontèrent par l'île Saint-Louis, déserte comme toujours, et vinrent descendre au bord de l'eau par la pente de l'abreuvoir du quai Dauphin.

Ils prirent un bateau qu'ils louèrent pour s'aller baigner, disaient-ils, jusqu'au port de la Rapée. Mais tournant la rivière à la pointe, entre les deux îles, ils allèrent rapidement aborder au port Saint-Paul. Là, Belair mit pied à terre, courut faire des provisions dans la rue Saint-Antoine, acheta poulets rôtis, pains, vins de Bourgogne, gâteaux et fraises, rapporta le tout à son bateau, dans lequel

Gérard l'attendait, et la nuit était tout-à-fait close lorsqu'ils redescendirent le fleuve vers le pont Marie, dont les maisons gothiques commençaient à s'éclairer.

La tranquillité était revenue; les baigneurs rentrés chez eux, soupaient : çà et là, peut-être entendait-on le bruit de quelques couvercles de bois retombant sur les boutiques à poisson où les mariniers venaient de puiser la carpe ou l'anguille destinée au cabaret voisin. Gérard attacha son bateau à la troisième pile du pont Marie en amont, sous l'une des rares maisons qui surplombaient.

Belair, qui regardait de tous ses yeux, entrevit à une fenêtre au-dessus de sa tête une ombre chérie qui disparut avec un cri joyeux et revint bientôt pour laisser glisser dans le bateau même une échelle de cordes dont l'extrémité supérieure était solidement fixée aux crampons de fer de la fenêtre.

Gérard, le premier, grimpa lestement les dix échelons, et Belair, après lui, léger comme un écureuil, vint tomber aux pieds de Violette, qui l'étreignit d'un bras en pleurant de joie tandis qu'elle serrait la main de Lavernie.

— Eh! bon Dieu! s'écria Gérard pour

couper court à l'attendrissement, nous avons oublié notre souper dans le bateau.

— Oh! que non pas! dit Belair; je n'ai rien oublié!... Vous allez voir.

Et, en ramenant à lui l'échelle de cordes, il monta le panier aux provisions avec tous les ménagements dus aux bouteilles, dont les bouchons effleuraient parfois l'arête vive de la pile du pont.

Lorsque les premiers moments d'émotion et de félicitations mutuelles furent passés, tandis que Violette, aidée par Belair qui épluchait les fraises, dressait son couvert et allumait des bougies dans un vieux candélabre de cuivre qui avait éclairé les sabbats de quelques synagogues, Gérard parcourait des yeux la chambre et les objets qui l'environnaient.

— Oh!... que c'est triste! n'est-ce pas, dit Violette.

— C'est triste peut-être, répliqua Gérard, mais c'est sûr!... Songez que le pont Marie a eu deux arches emportées, il y a trente-trois ans par la crue des eaux, qu'il a péri, ce jour là, une trentaine de personnes dont deux notaires, ce qui a imprimé un effroi notable aux Parisiens, et mal noté à tout jamais le pont Marie. Aussi, depuis ce sinistre événement, les maisons qui y sont restées, n'ont-elles été habitées que par leurs propriétaires.

— Tout au plus, dit Violette; car le mien déménage le soir. Tout-à-l'heure il a fait son paquet, a fermé sa boutique et est parti; je suis toute seule dans la maison.

En disant ces mots, Violette frissonna. Un regard tendre, un baiser de Belair lui rendirent l'assurance.

— Ma bonne Violette, dit-il, votre propriétaire est un vieux juif, orfèvre de son métier, qui nous a loué cette maison, dans laquelle il n'habite pas la nuit, par délicatesse sans doute.

— N'exagérons pas, dit Gérard, madame finirait par ne plus nous croire. — Non ; ce juif s'en va le soir parce qu'il a peur des voleurs. — Le paquet qu'il emporte, c'est la menue joaillerie d'argent qu'il vend dans sa petite boutique, ouverte le jour, aux paysans qui viennent de Charenton, de Villejuif, apporter leurs fruits et leurs légumes à Paris.

— S'il s'en va le soir, c'est donc que la

maison n'est pas sûre! s'écria Violette.

— Pour un vieillard qui aurait de l'argent chez lui, c'est possible; mais cette précaution même qu'il a de partir avec son trésor, tous les soirs, éloigne infailliblement les voleurs de la maison. Sinon ils y songeraient; vous avez vu par notre exemple qu'on y peut entrer par les fenêtres du côté de la rivière. Ne craignez rien : pourvu que votre retraite soit ignorée de tous, voilà tout ce qu'il vous faut. Sur la solidité de cette masure, n'ayez pas d'inquiétude; elle durera plus longtemps que nous et servira encore de nid à bien des tourterelles effarouchées. Quant aux terreurs nocturnes qui naîtraient pour vous de la solitude, eh bien! mais cela regarde Belair; il est le maître de vous rassurer.

Violette rougit et devint si belle, et le musicien la regarda si tendrement, que Gérard lui alla baiser la main en disant :

— Il vous rassurera, j'en réponds.

Bientôt on se mit à table. Cette petite chambre était tapissée d'une vieille tenture de Bruges à feuillages, qui, sur la muraille, faisait encore son effet; un large lit à grands rideaux de damas vert meublait le fond ; deux grands fauteuils de cuir fauve, à pieds torses, emboitaient la cheminée dans leurs bras énormes. Sur une étagère moderne, assez propre, s'étalaient quelques livres dépareillés. Un large vase de Chine, à figures grotesques, renfermait une brassée de lilas que la jeune femme avait su se procurer, bien qu'elle n'eût pas mis le pied hors de la maison.

Gérard inquiet demanda d'où venaient ces fleurs, et si Violette avait commis quelque imprudence pour les avoir.

— Serait-ce une galanterie du propriétaire? demanda le musicien.

— Non, dit Violette, je m'étais oubliée à la fenêtre qui donne sur l'eau; des bateaux descendaient la rivière chargés de jeunes gens heureux qui revenaient en chantant, avec leurs maîtresses inondées de fleurs; ils m'ont vu triste, penchée sur l'appui de la fenêtre. En vérité, je crois que je pleurais. Une de ces femmes me regardait depuis longtemps tandis que leur bateau glissait; elle a parlé bas à son amant, et celui-ci a pris ce beau bouquet, l'a fiché dedans sa longue gaffe, et me l'a tendu au moment où la barque passait sous l'arche. J'ai saisi le bouquet, bien joyeuse et bien reconnaissante, le bateau a disparu. Je n'ai plus rien vu; leurs chansons même se sont éteintes sous la profondeur de la noire arcade. Voilà comment me sont venues ces belles fleurs qui ont apporté en ma prison la joie, l'espérance et un souvenir de printemps que je ne puis savourer comme les autres, et qui pourtant sera peut-être mon dernier printemps.

En disant ces mots, Violette passa son bras autour du cou de Belair et se mit à pleurer.

— Oh! notre amie, dit Gérard attendri, voulez-vous donc me rendre amères ces belles fraises et inodores ces beaux lilas et ces narcisses embaumés. — Ecoutez-moi, écoutez-moi bien, et vous verrez que l'avenir est tout rose et tout miel. — Vous verrez que cette noire maison du pont Marie est l'antichambre d'un paradis que nous vous réservons, si vous êtes courageuse et prudente.

— Parlez, parlez, dit la jeune femme en essuyant ses larmes, et tandis que vous parlerez, permettez-moi de tenir dans les miennes votre main et celle de Belair. Celle-ci me donnera le courage, celle-là m'inspirera la prudence. — Parlez !

C'était un tableau charmant bien digne

de Miéris ou de Van Ostade que cette réunion de trois figures si poétiques, si brillantes de jeunesse, si variées de tons et d'expressions. Le candélabre de l'orfèvre juif, suspendu à la solive grossièrement sculptée, éclairait toute la chambre d'une douce lueur; sur la table, le vin riait en rubis dans les verres à longue tige; les fraises purpurines s'élevaient amoncelées sur un plateau de faïence craquelée à fleurs. Au-dessus des convives se penchaient les rameaux alourdis des lilas; Violette avait raison, le parfum de la jeunesse, de la vie, de l'amour, le printemps enfin était entré dans cette noire demeure.

Gérard, tenant la main de Violette

comme elle le lui avait demandé, releva d'un regard le front courbé de Belair, que les dernières paroles de sa maîtresse avaient assombri malgré lui, et reprenant lui-même avec vigueur la conversation qui tournait trop à l'élégie :

— Pourquoi, chers amis, dit-il, vous épouvanter de l'avenir? Consultez mon exemple; ai-je été assez maltraité par la fortune! Ai-je subi des chances désastreuses! Combien de fois n'ai-je pas couru risque de mourir, ou, ce qui est équivalent pour moi, d'être séparé d'Antoinette. Cependant tout nuage a fini par se dissiper. Je touche au but. Mes ennemis lassés rampent à mes pieds. Je sais bien qu'autour de moi rayonne une protection angélique; mais, cette protection, ne l'avez-vous pas acquise, puisque je l'ai. N'est-ce pas à elle déjà que nous devons de tenir ici Violette, qu'attendait une captivité peut-être éternelle dans la Bastille?

— C'est vrai, murmura Belair.

Violette secoua la tête.

— Doutez-vous encore? demanda Gérard.

— Oui, je doute : l'ennemi qui me poursuit n'est pas de ceux qu'on fatigue ou qu'on trompe longtemps.

— Je vous assure, dit Gérard, qu'il est bien las en ce moment et aussi trompé qu'on peut l'être. Madame de Maintenon le tient sous ses pieds; voyez s'il a osé me faire poursuivre, moi, ou même Belair, bien qu'il ait dû apprendre que nous vous avons enlevée aux archers, bien qu'il en ait parlé au roi; car enfin le roi nous a interrogés à ce sujet, et nous avons dû nous défendre en prouvant un *alibi*, comme on dit au parlement. Eh bien, Louvois qui a mordu tant de fois sur ma pauvre personne, a fini par reconnaître que je suis doublé de chêne et d'airain, qu'il perdait ses dents, et il y renonce.

— Oh! quant à vous, s'écria Violette, je ne crains rien; oui, vous serez désormais à l'abri de la persécution, mais moi, moi qui sais le secret de cet homme...

— Son secret!...

— Ne vous souvient-il plus de mon entrevue avec lui à Mons, des mots mystérieux que je lui ai glissés à l'oreille, de l'effet magique de ces mots? Eh! monsieur, croyez-vous par hasard que je doive mon arrestation à cette plainte formée contre moi par M. Desbuttes?

— Je l'affirme dit Belair, et je me réserve d'en dire mon sentiment à ce coquin.

— Erreur! erreur! continua la jeune femme; j'ai eu le temps de réfléchir, à la Bastille, et je me suis convaincue que la plainte en adultère ne fut pour Louvois qu'un prétexte à lui fourni par son ame damnée Desbuttes. Le maître et le valet ont pactisé pour cette infamie. Arrêtée pour le compte de M. de Louvois, j'eusse pu crier la vérité, j'eusse pu raconter ce que je sais. Si étouffé que soit le cri d'une prisonnière, il s'en exhale toujours quelque chose au dehors, ne fût-ce qu'un soupir, ne fût-ce qu'un murmure! Mais, arrêtée pour un crime que les lois punissent justement, femme sans honneur, surprise en fuite avec un amant, que dire?... à qui m'en prendre! Comment faire remonter jusqu'au ministre une accusation, quand je suis coupable!...

— Mais vous n'étiez pas en fuite, s'écria Belair : ce Desbuttes vous avait priée de l'attendre à son passage dans Paris.

— La preuve? où est-elle? Cependant,

j'étais à Paris avec vous, et, d'ailleurs, vous savez bien que nous devions passer en Angleterre.

— Violette a raison, dit Gérard, et si elle sait réellement un des secrets du ministre, elle fait bien, non pas de trembler, puisque nous sommes là pour la défendre, mais de prendre ses précautions et de se défier. Il est fâcheux qu'elle ne puisse nous le dire, ce secret, afin que nous tenions nous-mêmes en échec M. de Louvois.

— Vous le saurez, dit Violette, ou du

moins vous saurez tout ce que mon père m'en a appris, et que je tremblais moi-même de me rappeler.

Au siége de Maëstricht, un berceau fut apporté on ne sait comment, à M. de Louvois, au seuil de sa tente, devant laquelle mon père était de garde. Il a vu le berceau, il a entendu l'exclamation de Louvois, et c'est à ce malheureux berceau qu'il a dû les persécutions de toute sa vie.

— Eh! mon ami, s'écria Gérard tout-à-coup en saisissant la main de Belair, ce berceau... apporté en 1673... cette paternité si étrange de Van Graaft... cette haine, ou plutôt cette terreur que Louvois a toujours éprouvée pour Antoinette... ce nom de Savières qu'on lui faisait porter, quand aujourd'hui on l'appelle Van Graaft...

— Oui, répliqua Belair en l'interrompant et avec un doigt sur ses lèvres; oui, il y a là un mystère que Louvois veut étouffer à tout prix; — mais, ma chère Violette, il a transpiré déjà, malgré lui.
— Mademoiselle Antoinette de Savières est la fille reconnue de M. Van Graaft. Louvois a perdu tous ses droits sur cette jeune fille, que son père a réclamée. Qui

sait si votre révélation apprendrait quelque chose à madame de Maintenon et au roi? Non, ne craignez plus. M. Van Graaft, en venant à Saint-Ghislain réclamer sa fille, vous a débarrassée de toute la responsabilité du secret découvert.

— Eh bien moi, interrompit Gérard à son tour, je ne le crois pas. Peut-être M. de Louvois accuse-t-il Violette d'avoir appris à Van Graaft lui-même cette histoire du berceau de Maëstricht; peut-être ne poursuit-il plus Violette par crainte qu'elle ne parle, mais par rage de ce qu'elle a parlé. En un mot, comme dit à peu près notre ami Racine dans son *Atha-*

lie que vous avez si lestement mise en musique : Je crains Louvois, cher Belair, et j'ai encore d'autres craintes. Enfermons-la donc ici, cette chère petite amie ; veillons sur elle assidûment pendant quelques jours. Cela vous sera facile, à vous, mon virtuose ; car vous pouvez ne pas la quitter.

— Mais il aura disparu, s'écria Violette, et si on le cherche et qu'on ne le trouve pas, on aura des soupçons qui pourront aboutir à une découverte.

— Non, répliqua Gérard, attendu qu'à

la première mention qui sera faite de notre ami, j'accours le prévenir et le chercher. Je sais le chemin, Dieu merci ! — on entre chez vous par l'air, la terre et l'eau, — puis, tandis qu'on s'occupe là-bas d'Athalie, on oubliera Violette. Moi, j'aurai obtenu pour elle un sauf-conduit, on trouvera un carrosse parmi ceux qui vont chercher à Valenciennes les effets de voyage, que, par bonheur madame de Maintenon y a laissés. Ce carrosse inviolable, notre petite amie l'occupera. J'aurai fait donner à Belair quelque mission pour rechercher de la belle musique d'orgues en Flandre. Les deux voyageurs se retrouveront à Gand ou à Anvers, et les voilà sauvés pour tout le règne de

M. de Louvois. Or, ce ne sera pas long, attendu que je flaire pour cet homme quelque disgrace prochaine. Entre nous, le ciel doit cette revanche à tous les malheureux qui ont souffert par lui.

— Vous m'étourdissez avec tous ces secrets, avec toutes ces intrigues, dit Violette, je me compare moi, pauvre femme, à ces petites mouches aux ailes dorées qui tombent dans une toile que les araignées d'automne tendent le long des treilles, je m'agite et m'y prends de plus en plus, et il me semble voir le monstre me regarder du fond de sa caverne, et fourbir ses faulx et ses scies pour me hacher en petits morceaux.

— Belair vous contera tous ces secrets que vous ignorez, ma chère. Employez à cela, si bon vous semble, le temps que vous allez passer ensemble. Moi, je n'ai plus à vous adresser qu'une question, car il m'est resté une vague inquiétude sur deux points confus de notre conversation dans ma tente à Mons, quand j'étais aux arrêts.

— Lesquels? demanda Belair.

— Vous m'avez dit, ce me semble, que vous étiez appelé en Angleterre où une position brillante vous était offerte près du roi Guillaume.

— Assurément, dit Violette, et c'est cela qui nous avait décidés à passer en Angleterre.

— Ah! gardez-vous-en-bien, s'écria Gérard, ce ne peut-être qu'un piége qu'on vous tendait.

— Qui donc?

— Je ne sais; mais cherchez bien parmi vos ennemis.

— Je n'en ai pas, dit Belair.

— Où est la lettre qu'on vous écrivait alors ?

— Elle a été prise avec mes papiers et mes bijoux par le commissaire, répondit Violette.

— Oh! malheureux! dit Gérard, ne devinez-vous pas qu'en pleine guerre avec le roi Guillaume, votre projet de passer à son service est un crime de trahison, et que Louvois, s'il a cette tettre, peut faire tomber votre tête sur un échafaud!

Violette, frissonnant, se jeta dans les bras de Belair.

— Heureusement, je suis là, continua Gérard, et je vous la garantis, cette charmante tête. Mais, avouez que l'homme, l'inconnu qui vous a écrit cette lettre et que vous appeliez un ami, n'est peut-être que Louvois lui-même, s'il a voulu vous perdre tous deux, ou bien Desbuttes, s'il cherchait à se venger... ou bien...

— Ou bien, dit lentement Belair, un autre scélérat, un homme que j'ai failli tuer et qui ne m'oubliera pas, tandis que moi je l'oubliais.

— La Goberge ! s'écria Violette.

— La Goberge, qui est passé en Hollande pour trahir Louvois.

— Vous avez raison, dit Gérard. C'est bon, le piége est éventé ; nous saurons nous en garantir.

— Ce La Goberge, continua Belair, qui, à Houdarde, m'a fait tomber cette énorme pierre sur la tête.

— Cet ami intime de M. Desbuttes,

ajouta Violette, celui qui l'a aidé dans ses coquineries de jeunesse.

— J'arrive au Desbuttes, interrompit Gérard: vous savez que je tiens ce misérable par la crainte qu'il aura de désobliger son parrain aujourd'hui en faveur. Nous lui ferons donc lever, par sa signature, tout embarras, toute poursuite ; il se désistera, on obtiendra une dissolution du mariage.

— Qui est nul ! s'écria Belair.

— Oh ! oui, affirma Violette en rougissant.

— Eh bien! mes amis, reprit Gérard triomphant et épanoui par la joie, ne voilà-t-il pas votre ciel dégagé? Où voyez-vous un nuage? Plus de Louvois, — pour vous du moins ; — plus de Desbuttes, — plus de La Goberge ; — la liberté sur une terre étrangère, en attendant votre prochain rappel, — votre union indissoluble : car je lis dans les yeux de Belair qu'il rédige en lui-même son contrat de mariage avec Violette.

— C'est signé! s'écria le jeune homme avec un regard chargé d'amour.

— Soyons donc tous heureux, reconnaissants, et remercions notre ange gardien, qui est au ciel, et notre ange protecteur, qui est sur la terre, Raphaël, Gabriel, ou tout autre que nous adorons là-haut sans le connaître, et, ici-bas, madame de Maintenon, notre protectrice et notre amie. Je bois à son bonheur, à sa gloire, à son repos, et Dieu, qui m'entend, sait qu'il n'entre dans mon souhait ni intérêt ni calcul. A elle ma vie, jusqu'à la dernière goutte de mon sang, puisqu'elle m'a donné Antoinette, puisqu'elle m'a sauvé de la mort et de l'opprobre, puisqu'elle me conserve mes amis ! Quoi ! Violette, Violette, vous pleurez !

— C'est peut-être de joie, dit la jeune

femme, car je sens que mon cœur déborde. Ce ne peut être que de joie ! puisqu'entre vous deux, mon époux et mon ami, il n'est point de péril pour moi, pas plus que de douleur possible.

— Violette, s'écria Belair, voilà une de vos larmes, une perle tombée dans votre verre, buvons-la tous trois pour partager le mauvais sort qu'elle nous présage.

— De grand cœur, s'écria Gérard en étendant la main pour prendre le verre de la jeune femme.

— Non! non! répliqua Violette en le repoussant avec un accent profond et presque sombre; ne mêlez point votre fortune à la mienne. De votre côté tout est riant, vermeil; tout est noir et lugubre du nôtre. A vous, dit-elle à Belair, à vous, mon fiancé, mon cher amour, à vous le droit de partager mes peines, puisque vous avez partagé toutes mes joies, buvez!

Belair saisit le verre de sa maîtresse et but la moitié du vin et de cette larme fatale.

Violette but lentement le reste et lança

le gobelet dans la rivière par la fenêtre ouverte.

Gérard, dominé malgré sa force d'âme par l'étrange idée qui venait d'inspirer Violette, la crut voir en ce moment pâle comme un fantôme ; Belair aussi lui parut avoir pris la teinte sinistre d'un spectre. Ces deux êtres si chers se tenaient par la main comme deux ombres d'amis qu'on a perdus et qu'on revoit en songe.

Il secoua cette vision et ces idées navrantes, baisa les mains glacées de Violette, embrassa tendrement Belair, et déploya toutes les ressources de son esprit libre et enjoué pour effacer jusqu'aux moindres impressions de cette scène douloureuse. Mais le coup était porté. Tous trois n'avaient plus le sourire que sur les lèvres et se sentaient touchés au cœur.

Après avoir essayé d'égarer la conversation par mille détails frivoles, Gérard la ramena au positif.

— Nous disons donc, reprit-il, que dans sept à huit jours nous allons ouvrir nos ailes et nous envoler par-delà les mers.

— Oui, repondit Violette, c'est cela.

— Violette ne pourra pas descendre comme nous par l'échelle de cordes, continua Gérard, elle sortira tout simplement par la porte de l'orfèvre. Nous l'attendrons avec un carrosse qui arrivera au moment même où elle paraîtra. Puis, par le faubourg Saint-Antoine, nous gagnerons le carrosse de la marquise qui attendra, lui, à La Villette, et tout est sauvé.

— Admirable plan.

— Jusque là, continua Gérard, pas une

imprudence. Ne vous montrez pas même à la fenêtre de la rivière, comme vous avez fait ce soir.

— Je le promets.

— La maison est sûre et n'a pas d'autre issue que le pont?

— Je ne crois pas.

— Pas de voisinage? Vous occupez bien toute la maison?

— Non, répliqua Violette, il y a encore

deux chambres au-dessous, derrière la boutique de l'orfèvre.

— Pourquoi ne les avoir pas louées? demanda Gérard.

— Je n'y ai pas songé, répondit Belair.

— Et moi j'y ai pensé ce matin en voyant le vieux propriétaire, dit Violette.

— Eh bien?

— Eh bien, au moment où je lui ai

demandé ces deux chambres, il venait de les louer.

— A qui?

— A un voyageur, m'a-t-il dit, à une sorte d'officier qui passe et ne restera pas huit jours à Paris.

— Ce n'est pas dangereux, dit Belair.

— Je l'espère, répondit Gérard. Où sont-elles ces chambres?

— Au dessous de la mienne. Tantôt j'y

ai entendu du bruit, on nettoyait sans doute pour recevoir le nouveau locataire.

— On entend donc ce qui se passe dans ces chambres?

— Oui, en appuyant l'oreille sur le plancher du cabinet que voici.

— Belair, vous pourriez surveiller en cas de besoin; mais attendez donc, est-ce que je n'entends pas?

— Quoi?

— On dirait le bruit d'un meuble qu'on heurte.

Tous prêtèrent l'oreille. Le bruit cessa.

— Faisons une ronde, dit Gérard; c'est de bonne guerre. Explorons les localités.

Il prit une bougie dans le candélabre, et commença son investigation. Belair et Violette le suivaient, appuyés l'un sur l'autre.

Auprès de la chambre de Violette était

ce cabinet noir dont elle avait parlé. Il était à peine éclairé par une lucarne du côté de la rivière.

L'escalier tortueux, roide et haut, descendait de la chambre de Violette au rez-de-chaussée, c'est-à-dire aux deux chambres occupées par le nouveau locataire, et séparées par un palier de la petite boutique de l'orfèvre. Gérard voulut explorer jusqu'à l'escalier, pour se convaincre que la jeune femme était bien en sûreté chez elle : l'escalier était percé d'une fenêtre oblongue donnant aussi sur l'eau.

— Peut-être, dit Gérard en remontant,

y aurait-il quelque inconvénient à ce voisinage si Belair ne vous gardait pas chaque nuit, si vous sortiez par le même escalier que ce locataire, et si, enfin vous deviez habiter cette maison plus de huit jours. Mais, comme vous ne bougerez pas de votre chambre, vous le jurez!... n'est-ce pas, — comme vous ne serez jamais seule aux heures dangereuses, je vous trouve plus en sûreté ici que le roi ne l'est chez lui à Versailles.

— Réjouissons-nous donc! dit Violette lorsque Gérard eut replacé la bougie dans le candélabre.

Gérard ferma les verrous de la porte; ils étaient d'une énormité rassurante?

— Je les ferme, dit-il, parce que vous ne sortirez plus, et que moi, pour sortir, j'ai un autre chemin. Attachez l'échelle, mon ami.

— Vous partez déjà ?

— Et ce pauvre dîner qui refroidit à Versailles, s'écria-t-il en riant! et, ce qui est plus grave, mon service demain matin à sept heures! et cette autre nécessité d'être à Versailles pour qu'on ne me cherche point à Paris.

— Peut-être vous eussiez dû partir par la porte du pont, dit Violette; ces échelons qui aboutissent à la rivière m'épouvantent.

— Songez donc, chère petite amie, qu'il faut reconduire le bateau; et puis, l'eau est tiède. D'ailleurs, vous l'avez dit, ma bonne fortune est à toute épreuve.

Il embrassa encore ses amis. Il remarqua que Violette si doucement chaste et discrète avec lui, l'étreignait avec ce tendre regret qu'on met involontairement dans un dernier adieu.

Déjà il avait éteint les bougies, il était hors de la fenêtre, sur les échelons.

— Rentrez, dit-il à voix basse, rentrez. Vous, Belair, j'ai réfléchi, ne restez pas absent trop longtemps de Versailles, revenez-y, si vous pouvez, demain, de bonne heure. Je laisserai, ce soir, votre cheval à l'hôtellerie. Adieu, rentrez; pour ne pas attirer l'attention du dehors; je secouerai l'échelle trois fois quand il sera temps que vous la retiriez à vous.

En effet, il étendit le pied pour descendre; mais, à ce moment, il aperçut en bas un homme qui venait de descendre comme lui par la fenêtre de l'escalier, et qui, tout occupé à démarrer son bateau et à faire le moins de bruit possible, n'avait pas regardé au-dessus de sa tête.

— Tiens! pensa Gérard en s'effaçant pour n'être pas vu, le locataire d'en bas était chez lui; c'est lui que j'ai entendu. Ah! il préfère aussi ce chemin-là! Laissons-le passer.

L'homme, en deux coups d'aviron, disparut sous l'arche.

— Faut-il prévenir mes amis? se dit

Gérard. — Non, Violette n'est déjà que trop inquiète. Mais je veux savoir à quoi m'en tenir sur cet homme. Suivons-le.

Gérard, après avoir secoué trois fois l'échelle, détacha rapidement son bateau et força de rames pour rattraper l'inconnu. Mais celui-ci avait déjà abordé au quai des Ormes. Gérard, sans le perdre de vue, vint s'échouer au plus près sur la rive, tira le bateau sur le sable, pour ne pas perdre de temps à l'amarrer; puis il s'élança sur les traces de son mystérieux voisin.

Cet homme suivit les quais et traversa Paris dans la direction du Palais-Royal.

Gérard observait de loin à chaque lumière la haute taille de l'inconnu; le mauvais manteau dans lequel il se drapait malgré la saison, la longue épée qui lui battait les jambes et le large chapeau abattu sur son visage.

— Laide tournure, pensait Lavernie.

L'homme se dirigea vers la rue de Richelieu, et Gérard frissonna en le voyant continuer à s'approcher de l'hôtel de Louvois situé dans cette rue, et s'arrêter dans la rue Colbert, sous l'arcade sombre en face de l'hôtel du ministre de la guerre.

— Plus de doute, se dit Lavernie, le voisin de Violette est un espion !

L'homme, à chaque passage de piétons attardés dans la rue déserte, s'agenouillait et semblait mendier ; puis, les passans éloignés, il se relevait et continuait de guetter en face.

— Il attend quelque supérieur pour faire son rapport, pensa Gérard.

A la fin le jeune homme n'y tint plus : il attacha son mouchoir sous son chapeau pour s'en couvrir le visage comme d'un masque, et s'approcha.

L'homme se courba selon son habitude, en grommelant quelques paroles.

— Levez-vous, dit Gérard irrité, je veux voir votre visage.

Et il jeta par terre le chapeau de cet homme.

Celui-ci se releva d'un bond en cachant sa tête avec son manteau, puis ayant renfoncé son chapeau sur ses yeux :

— Pourquoi vous cachez-vous vous-même? répliqua-t-il.

Et il mit l'épée à la main pour empêcher Gérard d'approcher de nouveau.

Celui-ci l'imita. L'inconnu tomba en garde dans toutes les règles de l'art.

— Oh! oh! pensa Gérard, j'ai affaire à une lame.

Et il prit ses mesures pour croiser avantageusement le fer.

Aussitôt, par la rue Neuve-des-Petits-Champs, accourut à grand bruit un piqueur à cheval tenant un flambeau et précédant un carrosse qui avançait rapidement.

— La porte! criait de loin cet homme dont les deux combattants reconnurent la livrée.

La porte de l'hôtel de Louvois s'ouvrit aussitôt.

— M. de Louvois! murmura l'inconnu épouvanté en fuyant à toutes jambes par la rue de Richelieu.

— Louvois! se dit Gérard, Louvois qui me croit à Versailles, rengaînons!

Et il fit retraite par la rue Colbert.

— C'est égal, se disait-il, je donnerais beaucoup pour comprendre comment cet inconnu vient en face de l'hôtel de Louvois et se sauve quand M. de Louvois arrive. Je donnerais encore plus pour avoir vu son visage... Mais, patience! je le retrouverai. Dieu merci! je connais son adresse. En attendant, j'ai la preuve qu'il n'est pas espion de Louvois, sans quoi, il ne se fût pas sauvé à l'approche de son maître.

Ainsi rassuré sur le compte de ses

amis, Gérard ajourna tout commentaire, alla chercher son cheval à l'hôtellerie de la rue Saint-André-des-Arts, et regagna Versailles, par une belle nuit tiède et sans étoiles.

v

LES PETITS PRÉSENTS ENTRETIENNENT
L'AMITIÉ.

Le lendemain, un carrosse fermé, escorté par un homme et deux valets à cheval, s'arrêtait aux portes avant d'entrer à Versailles. Le cavalier pénétrait tout seul dans la ville et s'en allait demander aux barrières des huissiers, avec un accent étranger, le *palais de Versailles.*

Cette question étrange stupéfia ceux qu'on interrogeait comme si on leur eût demandé où demeurait le soleil. Cependant on indiqua le palais à l'étranger; celui-ci, après avoir écouté les indications, demanda si madame de Maintenon était à Versailles.

Les huissiers remarquèrent que le cavalier, malgré ses questions bizarres, semblait être un homme de qualité, qu'il avait deux grands laquais derrière son carrosse, qu'il était lui-même monté sur un fort beau cheval du Nord, et ils daignèrent répondre que la marquise était partie déjà pour Saint-Cyr, selon son habitude.

L'étranger demanda aussi minutieusement la route de Saint-Cyr, et sans avoir parlé aux personnes que probablement renfermait ce carrosse si bien clos, il marcha en tête du petit convoi dans la direction de Saint-Cyr.

Ce nom lui avait fait battre le cœur, un sang plus vif affluait à ses joues, sa figure mélancolique s'était animée depuis qu'il pouvait chercher à l'horizon la fameuse abbaye vers laquelle il conduisait son silencieux cortége.

Il suivit la route que nous connaissons, aperçut bientôt l'entrée de Saint-Cyr, et, poussant involontairement son cheval, vint prier le suisse de demander pour lui audience à madame de Maintenon.

On était poli à Saint-Cyr comme partout où régnait la marquise. Le suisse, un excellent Tourangeau, lorgna du coin de l'œil le lourd carrosse toujours fermé qui s'était arrêté à trente pas du maître, le maître lui-même, figure bizarre mais respectable, et demanda quel nom il lui faudrait annoncer à sa maîtresse.

— Van Graaft, dit laconiquement l'étranger.

Ce nom illustré dans l'abbaye par la beauté, la bonté, la réputation de richesse d'Antoinette, cette pensionnaire dont la dot était un million, ce nom que la marquise honorait de son amitié fit un effet magique. Les yeux du Tourangeau, habitués pourtant à bien des splendeurs, s'arrondirent à l'aspect du riche Hollandais, dont on parlait à Saint-Cyr comme d'un fabuleux inca du Mexique.

Le Tourangeau sonna précipitamment pour avertir au parloir. Il sonna deux coups de cloche, ainsi que pour un prince du sang ou un maréchal de France.

C'était bien Van-Graaft — pâli, maigri, les yeux brillant d'un feu plus intelligent mais plus sombre. Ce visage trivial avait pris dans la douleur une expression réfléchie qui donne presque toujours certaine majesté. — Du fond des orbites creusées, et sous le pli d'une incessante méditation, jaillissait par intervalle un éclair, que Louvois lui-même n'eût pas soutenu, tant il révélait d'abîmes profonds, d'ulcérations effrayantes dans cette ame ainsi dévoilée.

Van Graaft, depuis son entrevue avec Antoinette à Saint-Ghislain, avait perdu le repos, le sommeil. Chaque nuit cette ombre passait et repassait sous ses rideaux avec un sourire qui mendie la tendresse; chaque nuit le malheureux croyait voir, escortant cette vision suave, un fantôme ensanglanté qui suppliait aussi et murmurait :

— Aime ma fille!

Rien n'avait pu distraire Van Graaft de ces hallucinations douloureuses, rien que l'espoir d'une vengeance terrible, et un jour que Guillaume était venu rendre visite à son ami, — peut-être s'agissait-il encore de quelque million, — il entra sans se faire annoncer, comme c'était sa coutume, et aperçut le Hollandais occupé dans sa chambre du Boompjes, à entasser un amas énorme d'or de toutes les nations sur une table de marbre au milieu de la salle.

Van Graaft comptait les piles et les aplanissait au niveau de dix mille livres par pile; Guillaume en compta jusqu'à cinquante formant un quadrilatère aux reflets rutilants, qui eût tenté les voleurs comme la chair fraîche tente les vautours.

Le cube ainsi formé, Van Graaft plaça

sur la face supérieure un papier qui renfermait ces mots écrits de sa main en larges et gros traits :

« Je donnerai les cinq cent mille livres que voici au premier, de quelque nation qu'il soit, qui m'apprendra que Louvois est mort.

« Mai 1691. Van Graaft, de Rotterdam. »

Le Hollandais fixa le papier par les quatre coins en y appliquant quatre doubles quadruples d'Espagne.

Le roi s'était approché pour lire par-dessus l'épaule de son ami. Van Graaft l'entendit marcher et tourna la tête de son côté. Guillaume, sans rien dire, sans manifester la moindre émotion, passa dans la chambre à coucher pour s'étendre sur l'immense fauteuil où déjà nous l'avons vu, puis, du ton le plus naturel, demanda au négociant comment il se portait.

— Bien, répondit Van Graaft, enchanté de l'idée qu'il venait d'avoir.

Et l'on parla d'autre chose.

Puis, Guillaume, fixant sur son compagnon ce regard acéré, qui pénétrait jusqu'aux ressorts de l'ame.

— Auriez-vous quelque répugnance à aller en France? dit-il.

Van Graaft pâlit.

— A Saint-Cyr? continua Guillaume de sa voix grêle et entrecoupée.

Le Hollandais chancela comme si un nuage passait devant ses yeux. Jamais il n'eût osé se formuler à lui-même cette terrible idée : revoir Antoinette! Et pourtant lorsque Guillaume eut parlé, un immense désir, une soif inextinguible s'alluma dans ce pauvre cœur, de se rattacher une dernière fois à une suprême espérance.

— Partez donc sur-le-champ, dit Guillaume, vous pouvez avoir touché la frontière de France dans deux jours; suivez la route de Paris, vous y trouverez, marchant à pieds, errant et mendiant trois femmes allemandes — vous pouvez les aborder sans crainte, ce sont des princesses de la plus haute naissance — vous savez l'allemand, elles ne connaissent que cette langue — soyez leur interprète et conduisez-les chez madame de Maintenon — je crois que vous ferez ainsi grand plaisir à cette dame. Offrez à la marquise toutes mes amitiés, mes respects et comptez que je vous donne une commission dont vous me remercierez.

Van Graaft n'était pas d'un naturel curieux ni questionneur. Il savait que son ami ne parlait qu'à coup sûr : il se contenta donc de lui dire :

— A quel endroit, à peu près, rencontrerai-je ces dames?

— Elles ne peuvent faire plus de quatre à cinq lieues par jour. Elles ont passé à Mons avant-hier, vous les trouverez au-delà de Valenciennes.

Van Graaft, sans faire une observation, sonna ses valets, et derrière eux arriva La Goberge qui, en traversant la chambre aux cinq cent mille livres, poussa un cri; lut l'inscription placée sur la masse d'or et s'abîma dans une de ces méditations comme Satan les enseigne à ses damnés.

Guillaume voyait La Goberge et méditait aussi.

Van Graaft commanda des chevaux de

poste et s'habilla sans hâter ni un geste ni une parole ; puis quand il eut fini :

— Je suis prêt, dit-il.

Les valets s'éloignèrent respectueusement. La Goberge contemplait l'or et songeait toujours.

— Vous n'oublierez pas, Van Graaft, dit lentement Guillaume, de prévenir madame de Maintenon que je lui ménage, d'ici à quelques jours, une agréable surprise, que je lui destine un cadeau d'ami.

Van Graaft fit un signe d'assentiment.

— Eh bien! partez, mon ami, dit Guillaume en donnant la main à Van Graaft, qui se dirigeait vers l'escalier.

La Goberge, comme réveillé en sursaut, s'approcha et après avoir salué humblement le roi :

— Ne m'emmenez-vous pas, mynheer? dit-il à Van Graaft.

— Pourquoi pas, répliqua celui-ci.

La Goberge s'élança par une porte de

service afin d'arriver le premier au carrosse.

Guillaume, en se retournant, remarqua que le papier signé par Van Graaft avait disparu de la surface du bloc d'or.

Voilà comment Van Graaft s'était mis en route, et l'on ne s'étonnera plus de le voir entrer à Saint-Cyr, escortant ce lourd carrosse.

On ne le fit pas longtemps attendre au parloir. Madame de Maintenon achevait de dîner avec les jeunes filles qu'elle avait voulu dédommager de la remise d'*Athalie* et de leurs travaux stériles. Lorsque Nanon vint prononcer à son oreille le nom du Hollandais, elle changea de couleur, et sans rien témoigner à Antoinette, sinon par un serrement de main et un amical sourire, elle quitta la table et passa chez elle aussitôt.

Van Graaft ému, tressaillant à chaque bruit de portes, s'attendait à voir entrer sa vision, et cherchait le plus profond de l'ombre. La marquise apparut seule, et lui fit un accueil dont un prince eût été glorieux.

Elle le fit asseoir — peut-être, parce

que connaissant les façons de ce barbare, elle préféra le gagner de vitesse en lui faisant une grâce qu'il se fût faite lui-même.

— Enfin, vous voilà donc, monsieur, dit-elle; je ne saurais vous exprimer toute ma joie. M'apportez-vous quelque heureuse nouvelle du roi? Sa Majesté n'a-t-elle point oublié le signalé service qu'elle m'a rendu et la reconnaissance éternelle que sa grandeur d'âme m'a inspirée.

— Madame, j'apporte une nouvelle preuve d'amitié de Guillaume, répliqua Van Graaft, toujours occupé des portes et distrait par son idée fixe.

— Vous me comblez. Laquelle? répondit la marquise, qui comprenait l'anxiété du Hollandais et se promettait de lui donner prompte et heureuse satisfaction.

— J'ai rencontré sur ma route ici, dit Van Graaft, trois personnes, sans argent, sans pain, presque sans habits. Ce sont de pauvres femmes qu'une grande calamité a ruinées.

— Vous les aurez secourues? demanda la marquise, car vous êtes bon.

— Madame, comme leur malheur vient de vous, c'est-à-dire de la France, je les ai amenées ici — d'après le conseil de Guillaume.

— Qui sont donc ces trois personnes? demanda la marquise.

— Madame la princesse de Veldens et ses deux filles, ruinées par la désolation du Palatinat, qui a été si lâchement incendié par les ordres de M. de Louvois. Dénuées de tout, sans asile et sans espoir, je les ai recueillies. Guillaume a pensé que vous seriez charitable et généreuse envers elles.

— Ah! Monsieur... s'écria la marquise,

pâle de joie et d'émotion, le roi Guillaume, qui a eu cette idée, vous qui l'avez mise à exécution, vous êtes pour moi deux amis qui n'épuiserez jamais ma reconnaissance.

Et en disant ces mots elle serra les mains de Van Graaft avec l'effusion d'un bon cœur, et le triomphe d'un esprit irrité qui venge enfin ses offenses.

— Où sont-elles ? continua la marquise vivement.

— En bas dans mon carrosse.

— Quelqu'un les a-t-il vues?

— Personne, je n'avais avec moi que deux laquais qui me sont dévoués, et un autre serviteur qui, craignant cet infernal Louvois au service duquel il a été, n'a pas osé me suivre à Versailles, et se cache jusqu'à mon départ.

— Je puis faire venir ici ces malheureuses femmes ?

— Je vais les chercher, dit tranquillement Van Graaft.

— Leur carrosse est dehors! Eh bien,

je veux que, contrairement à la règle de Saint-Cyr, ce carrosse, qui renferme tant de malheur et de noblesse, entre dans ma cour comme celui d'un roi ou d'un prince régnant! Restez, M. Van Graaft.

Elle sonna et donna ses ordres à Manseau. On entendit bientôt entrer le carrosse dans la cour de Saint-Cyr.

Soudain le galop d'une escorte et le roulement d'une voiture rapide ébranlèrent la route de l'abbaye.

— Le roi! s'écria la marquise.

— Le roi? dit Van Graaft sans émotion.

Et il cherchait à s'effacer.

— Restez assis, vous dis-je, monsieur, fit la marquise en lui serrant de nouveau la main.

Le roi parut au seuil de la chambre, et Van Graaft se leva. Louis XIV, son chapeau à la main, salua respectueusement la marquise et sans regarder Van Graaft, qu'il avait parfaitement vu, mais qui l'avait choqué assis chez madame de Maintenon :

— Madame, qu'est-ce que ce carrosse que j'ai aperçu dans la cour? Avez-vous ici quelque personne royale? La reine d'Angleterre et le roi Jacques seraient-ils venus vous rendre visite?

— Non, sire, répliqua froidement la marquise; mais il y a dans ce carrosse trois princesses allemandes que je me préparais à recevoir quand Votre Majesté m'a fait l'honneur d'entrer chez moi.

— Il les faut recevoir, madame, dit le roi un peu confus d'avoir montré son dépit, car, en voyant Van Graaft assis, il avait supposé que la marquise aurait eu la faiblesse d'étendre les priviléges du Hollandais jusqu'à lui permettre de faire entrer à Saint-Cyr son carrosse roturier.

La marquise s'inclina et fit signe à Manseau.

— Qui sont ces princesses? demanda Louis XIV.

— Madame de Veldens et ses deux filles, sire.

— Famille régnante, ajouta le roi, qui connaissait à fond, mieux que d'Hozier, les généalogies de toute la noblesse européenne.

— Madame la princesse de Veldens! annonça l'huissier.

Et l'on vit entrer dans la chambre, trois femmes ou plutôt trois spectres, pâles, maigres, vêtues d'habits souillés, qui s'approchèrent en tremblant de madame de Maintenon. La marquise, à ce spectacle navrant ne put retenir ses larmes et ouvrit à la malheureuse mère ses bras dans lesquelles les trois princesses se précipitèrent en sanglotant.

— Qu'est-ce ceci! murmura le roi en

reculant de surprise et presque d'effroi, et il s'oublia au point de consulter Van Graaft qui demeura immobile.

— Sire, répondit madame de Maintenon en se dégageant doucement pour s'approcher du monarque, vous voyez trois princesses qui naguères étaient riches, puissantes, heureuses, et qui ont tout perdu dans l'incendie du Palatinat. Elles venaient à pied, en mendiant, demander du pain à la France qui les a réduites où vous les voyez, et sans la générosité de M. Van Graaft qui, les rencontrant, les a recueillies dans son carrosse, ces victimes infortunées ne fussent pas même arrivées ici, devant le tribunal de Votre Majesté, souverain juge de toute oppression, souverain protecteur de toute souffrance.

Et se tournant vers Van Graaft, tandis que le roi consterné baissait, pour la première fois, les yeux devant des créatures humaines :

— Monsieur, ajouta la marquise, veuillez dire à ces dames, puisqu'elles ne comprennent point la langue française, qu'elles sont en présence du roi Louis-le-Grand.

Aux premiers mots brefs et incisifs que prononça Van Graaft en allemand, les trois femmes, avec un sourd gémissement, tombèrent à genoux, les mains jointes, devant le roi qui fondit en larmes en les relevant.

Par les portes restées ouvertes, et dans la galerie correspondant aux appartements, on voyait les officiers de l'escorte, les officiers de service et quelques seigneurs groupés silencieusement pour recueillir jusqu'aux moindres détails de cette scène à la fois touchante et sublime.

Le roi, redressant sa tête majestueuse:

— Que ferez-vous, madame? dit-il à la marquise d'une voix altérée.

— Sire, je compte prier ces dames d'accepter l'hospitalité dans Saint-Cyr. Elles sont femme, mère et filles de princes, morts en défendant leur patrie et leur famille. Leur place est dans cette maison fondée pour secourir les filles des gentilhommes loyaux et pauvres.

Le roi s'adressant à Van Graaft avec un regard plein de douceur.

— Je vais répondre à ces dames, dit-il, et du fond de mon cœur.

Il s'approcha de la princesse de Veldens, et, lui prenant la main :

— Madame, dit-il d'une voix émue mais sonore, il n'y a que le plaisir de vous faire du bien par moi-même qui puisse me dédommager de tout le mal qu'on vous a fait si cruellement contre mes ordres et à mon insu !

Van Graaft répéta mot à mot ces paroles solennelles du prince qui, devant tant de témoins, foudroyait ainsi d'un blâme énergique les cruelles exécutions de son ministre.

Et chacun se dit, quand le roi eut passé silencieux et morne.

— Que dirait M. de Louvois, s'il eut entendu?

— Comme la marquise doit être heureuse! dirent les autres.

D'autres encore allèrent jusqu'à pronostiquer que Louvois était perdu.

La marquise remercia Van Graaft par un de ces regards dont rien ne peut rendre l'éloquence. Peut-être n'était-il pas assez vengé, lui; mais pour elle, quelle vengeance! en attendant mieux.

Elle s'occupa immédiatement des princesses, et dit à son ami le Hollandais :

— Attendez moi, je reviens.

VI

LE NUAGE MARCHE.

Mais il en est des espérances de l'homme comme de ces frais paysages qu'aperçoit le voyageur au milieu du désert — arbres verdoyants, sources écumeuses, tout ce bonheur vu de loin s'évanouit à mesure que l'on approche — la verdure devient du sable, l'eau murmurante, c'est une lande de cailloux brûlants — ce supplice s'appelle le mirage — tout voyageur au désert l'a subi deux ou trois fois : — tout homme dans sa vie le rencontre plus souvent encore.

Telle fut la douleur de Van Graaft lorsqu'il revit Antoinette. Ce fut au point que la marquise jugea le mal sans remède. Le Hollandais, à jamais déchu de ses illusions, fut généreux jusqu'au sublime. Il parla du mariage prochain de *sa fille*, déclara qu'il viendrait exprès de

Rotterdam, afin de célébrer ce mariage avec la magnificence qui convenait à sa fortune, et il se fit présenter cérémonieusement Gérard de Lavernie, qui, malgré les découvertes auxquelles la révélation de Violette l'avait si puissamment aidé, témoigna au négociant tout le respect, toute l'affectueuse politesse qu'un beau-père a droit d'attendre du gendre qu'il aurait choisi.

Puis, après quelques visites à St-Cyr, visites de plus en plus courtes, Van Graaft disparut, et s'alla enfermer en quelque coin solitaire, dans une maison que venait de lui fixer pour séjour une dépêche mystérieuse de Guillaume.

Mais, aux termes de cette dépêche, Van Graaft avait dû prévenir de nouveau la marquise que son ami le roi Guillaume lui ménageait une surprise digne d'elle, — que ce présent arriverait au plus tard dans deux jours, et qu'elle s'arrangeât de façon à le recevoir secrètement, à quelque heure que ce fût du jour ou de la nuit.

Sur ce nouveau mystère, Van Graaft avait pris congé, au grand étonnement de la marquise.

Cependant, Gérard était retenu à Versailles par un service forcé d'inspections et de revues, par le mouvement inusité qu'occasionnait l'arrivée d'un ambassadeur musulman. Il avait ordonné à Belair de se tenir constamment à sa disposition le jour, et affectait de se promener publiquement avec le musicien.

Il espérait ainsi dérouter la police de Louvois, et chaque absence de Belair passait pour un voyage fait à Paris pour la collaboration d'*Athalie*. Ces jours-là, Belair entrait ouvertement chez Racine, y dînait, la maison retentissait de musique, et le musicien ne trouvait pas toujours dans son poète la souplesse dont il avait abusé au camp de Staffarde pour mettre en musique les *fourgons* et les *dragons* de cet excellent Catinat. Racine défendait mieux ses rimes contre la tyrannie des notes.

Mais Belair une fois libre courait à la petite maison du pont Marie. Le luxe de précautions qu'il avait prises d'abord ne faisait que s'accroître. Averti par Gérard des étranges allures de son suspect voisin, Belair avait recommandé à Violette de ne point se montrer, de ne point chanter, de n'éveiller par aucun bruit les échos de la trop sonore masure.

En même temps il guettait : Violette

aussi; mais, en dépit de leur surveillance, jamais ce voisin n'avait donné prise sur lui, jamais on n'avait réussi à l'apercevoir.

Et comme Gérard reprochait à Belair cette maladresse, Belair répondit, avec assez de raison, que l'on guette mal lorsqu'on se cache soi-même; que Violette se cachait; que, n'osant se montrer à la fenêtre, il lui était bien difficile de voir rentrer le voisin du côté de l'eau. Quant à l'entendre, oui, elle l'entendait rentrer, marcher dans sa chambre, tousser même. Elle sentait monter à elle l'acre parfum du tabac que fumait cet homme, et qui filtrait par les solives et les plâtres gercés de son plafond. Mais voilà tout, et ces indices n'étaient pas trop effrayants, s'ils n'étaient pas très-positifs.

— En effet, disait Gérard à Belair, dans une de ces promenades qu'ils faisaient tous trois, c'est-à-dire tous quatre, car le chien Amour suivait toujours Jaspin en grommelant, je ne crois plus que ce voisin soit un espion ou du moins un espion attaché à nos traces.

S'il en était ainsi, il eût déjà profité de la solitude où est parfois Violette pour la faire enlever et disparaître. Je sais bien que jusqu'à présent il n'a pu voir la jeune femme, et que dans Paris l'ennemi loge souvent cloison à cloison avec son ennemi sans le connaître jamais. Cependant, Louvois n'emploie que des hommes rusés, énergiques ; — une cloison pour eux ne serait pas un rempart. Ainsi, plus de craintes, de ce côté, du moins. L'homme que vous avez cherché à découvrir vous eût découverts vous-mêmes s'il y avait intérêt. Ne vous occupez plus de lui, mais tâchez de lui demeurer inconnus.

— Toutefois, interrompit Belair, il importe que nous ne restions pas longtemps dans cette situation. Violette se consume de terreur, et chaque mouvement que fait ce voisin dans sa chambre, lorsqu'il s'y trouve, glace d'épouvante notre malheureuse amie. Elle n'ose respirer dans son lit; elle n'ose marcher; elle n'ouvrirait pas sa fenêtre pour tous les lilas qui s'épanouissent en France, pour tous les fruits de la terre promise.

Jaspin, qui écoutait sans parler, — car le digne homme, depuis son succès à la cour, était devenu un rocher pour la discrétion, et, comme le disait Belair, avait appris à fond la langue des poissons, — Jaspin se décida à ouvrir la bouche d'où l'infortuné était condamné, par son illustration redoutable, à ne plus laisser tomber que des paroles d'or.

— Mes amis, dit-il, j'ai tout préparé pour l'exécution de ce que vous désirez — le carrosse destiné à rapporter de Valenciennes les étoffes précieuses et les fines porcelaines de la marquise devait partir seulement le 20 de ce mois : — Il y avait coïncidence entre ce départ et certaines commissions que la reine d'Angleterre a recommandées à madame la marquise; mais j'ai obtenu que cet équipage partirait le 16; il était naturel qu'on voulût partir le matin, j'ai obtenu qu'on partirait le soir. Madame la marquise est pour moi l'indulgence et la bonté mêmes.

C'est mademoiselle Nanon Balbien qui est chargée de convoyer ce carrosse (Jaspin se servait de termes militaires depuis qu'il fréquentait des maréchaux de France). Je prierai cette demoiselle d'avoir pour notre amie tous les égards qui sont dus au malheur, et, malgré la répugnance qu'éprouve ordinairement mademoiselle Balbien à se charger des affaires d'autrui, j'ai eu le bonheur de la décider pour cette occasion.

— Elle a dû bien regimber, fit observer Gérard en souriant.

— Mais oui, soupira Jaspin. Cependant, elle a fini par céder. Elle est tout-à-fait charitable sans en avoir l'air. Son commerce ne sera peut-être pas infiniment agréable à Violette, mais il est sûr.

— Oh oui, s'écria Belair en riant : oui, elle est d'un commerce extrêmement sûr, et gare à quiconque voudrait fouiller dans son carrosse.

— Voilà précisément ce qu'il nous fallait, répondit Jaspin. C'est donc bien entendu. Le seizième de ce mois, c'est-à-dire demain, à huit heures du soir, le carrosse partira de la grande écurie, et fera sa première halte à Paris, à la porte Saint-Denis.

— Nous y serons! s'écria Belair.

— Non pas, dit vivement Gérard, vous n'y serez point, vous, Belair.

— Non, non, dit Jaspin ; je désire que mademoiselle Balbien ne vous voie pas. Cela l'offusquerait. Elle n'aime pas la musique.

— C'est différent, répondit Belair ; mais alors, comment Violette la rejoindra-t-elle?

— J'irai moi-même, dit Jaspin, chercher notre amie, que Gérard aura fait sortir de la maison du Pont-Marie. Tout est permis, voyez-vous, à l'homme qui porte l'habit de capitaine-lieutenant des chevau-légers du roi. Voilà pour la sortie de votre prison et pour la voie publique. Aussitôt que Violette sera dans la chaise où Gérard l'aura mise, et où je l'attendrai, c'est moi qui mènerai la prisonnière à mademoiselle Balbien. De ma main, elle ne peut rien refuser.

— Mais alors, moi? demanda Belair.

— Vous, répliqua Gérard, vous aurez soin de vous montrer le soir même à beaucoup de gens, vous prendrez rendez-vous avec Racine pour le lendemain, et quand sonnera minuit je vous mettrai à cheval, et vous rattraperez très-facilement le carrosse, suivez-le avec précaution, de façon à ne joindre Violette qu'auprès de la frontière. Alors, plus d'hésitations : lorsqu'avec l'autorité de ma mie Balbien, et sous sa mante, vous aurez passé les postes, disparaissez avec Violette; je me fie à vous pour le reste. Vous savez que je fais passablement un plan; celui-là est bon, je le garantis; d'ailleurs, je l'ai concerté avec monseigneur l'évêque de Troie, et nous ne saurions trébucher en route étayés que nous sommes par la crosse de sa grandeur.

Belair eût sauté de joie si Jaspin ne l'eût retenu à la terre.

Ils étaient en ce moment près des bâtiments de la surintendance, où logeait Louvois quand il résidait à Versailles. Louvois, comme on sait, comptait parmi ses charges celle de surintendant des bâtiments, — revenu énorme, prépondérance colossale, — c'était à la fois un droit d'entrer partout et de contrôler toutes dépenses chez le roi lui-même.

Jaspin arrêta donc les élans du joyeux Belair, parce qu'il venait de reconnaître derrière une des vitres de la surintendance le sombre visage de Louvois, aussi occupé à regarder dans le parc qu'à lire une lettre qu'on voyait encore dans sa main.

Ce fantôme éteignit toute démonstration chez les trois amis. Jaspin leur conseilla même de se diviser. Louvois ne devait pas trouver bon que trois de ses ennemis causassent avec enjouement sous ses fenêtres. Et Belair, docile à cet avis, prit congé de Gérard pour aller faire part à Violette de tant d'heureuses promesses.

Tout-à-coup on vit sous la voûte le ministre à pied, sans liasses sous le bras, se diriger, en distribuant ses salutations, vers le château, à une heure qui n'était pas celle du travail.

Louvois pouvait tourner court et laisser ses deux ennemis derrière lui sans paraître les avoir aperçus, mais il arrondit sa marche et arriva tout près d'eux avec un visage si rayonnant et si fier, avec un regard si ferme et si perçant, que Jaspin en frissonna jusqu'en la moëlle de ses os.

Cette affectation à s'approcher et à regarder rendait indispensable un salut de l'officier et de l'évêque. Gérard s'inclina froidement, Jaspin fit sa révérence la plus longue et la plus basse. Louvois, comme s'il eût été heureux d'avoir encore une fois courbé devant lui ses plus cruels ennemis, rendit à chacun d'eux un salut dégagé, presque ironique, et continua son chemin.

Jaspin, lorsqu'il le vit de loin :

— Il y a du nouveau, dit-il; voilà Louvois qui se montre et nous brave.

— En effet, répliqua Gérard, depuis plusieurs jours il faisait le mort, et l'on croyait déjà que la princesse de Veldens l'avait tué.

— Oh! murmura Jaspin, tant qu'on n'aura pas écrasé la tête du serpent!... Mais patience.

— Voyez! dit Gérard, il se retourne comme pour nous provoquer encore.

— Décidément, il y a quelque chose— quelque chose de gravé, et je cours prévenir la marquise, pour qu'elle prenne ses précautions, s'écria Jaspin qui perdait contenance et laissait paraître tout son effroi sur son visage et dans sa démarche tremblante. — Vous nous aiderez, j'espère!

— Oh! moi, dit Gérard, je me tiens prêt, dites-le bien à madame de Maintenon, pour tout ce qu'elle peut désirer de ma part : le bras, l'esprit et l'ame. J'attendrai à l'hôtel des chevau-légers ce qu'on décidera de moi.

Louvois était entré chez le roi, nos deux amis se séparèrent.

Maintenant pourquoi ce triomphe sur les traits du ministre? pourquoi cette visite qu'il allait rendre hors de ses heures?

Le soir même du jour où le conciliabule du père Lachaise, de l'archevêque et de la marquise avait eu lieu après la répétition manquée, Louvois avait été averti par un billet anonyme de se rendre à Paris au plus vite. Nous avons vu qu'il avait obéi.

Les avis anonymes servaient souvent ce grand politique autant que les avis signés — une vengeance qui frappe dans l'ombre, est aussi utile à de certaines causes qu'un dévouement qui sert au grand jour. Louvois, grâce aux rivalités des courtisans, avait appris cent fois leurs secrets et les avait appliqués à son intérêt privé.

Il supposa donc qu'en cette circonstance il gagnerait quelque chose à obéir au billet anonyme. Nous l'avons dit, Gérard le vit arriver de nuit en son hôtel. Là il trouva sur son bureau même, sans qu'on sût comment cela s'était fait, un billet de la même écriture que le premier, qui l'avertissait en termes discrets qu'il allait être question de nouveau, et plus ardemment que jamais, de déclarer le mariage de madame de Maintenon. On engageait le ministre à veiller, à se défier des répétitions d'*Athalie*, on lui disait que des avis ultérieurs le tiendraient au courant, et que l'auteur de ces avis se réservait de se faire remercier plus tard.

Louvois frappé de cette nouvelle réfléchit. Il fut mis bientôt sur la voie par cette allusion aux répétitions d'*Athalie*. Rien de plus aisé que de savoir quelles personnes avaient assisté à la dernière. Louvois consulta son rapport de police, lut les noms de Rubantel, de Jaspin, du père Lachaise, de M. de Harlay, et s'écria aussitôt :

— Le billet est de l'archevêque !

Son idée première fut de courir chez le prélat et de le faire parler. Mais cette démarche avait trop d'inconvénients. Elle compromettait tout. Louvois s'abstint. Cependant il veillait, selon qu'on l'y avait engagé. Il sut bientôt que le père Lachaise avait décidé le roi : que le roi déjà ébranlé par le visionnaire de Sâlon s'était ouvert à Monsieur, que la conspiration de ce mariage s'étendait, peu à peu, des sommités jusqu'aux cercles inférieurs de la cour.

Louvois apprit que la reine d'Angleterre, femme du roi Jacques, et le roi Jacques lui-même, aidaient la marquise; que l'autre roi d'Angleterre, le véritable roi, Guillaume III, secondait madame de Maintenon avec les princes européens désireux d'obtenir la paix. Il sentit la chaleur naissante de ce commencement d'incendie qui menaçait de tout embraser.

Déjà, l'arrivée de Van Graaft et le coup terrible de l'apparition des princesses de Veldens avaient montré au ministre qu'on l'attaquait ouvertement, sans réserve. Le roi avait prononcé en cette circonstance des paroles qui eussent fait rentrer sous terre tout ministre qui n'eût pas été Satan. Mais Louvois, aux oreilles duquel chacun bourdonna ces paroles terribles, feignit de ne pas les avoir entendues, s'enferma pour ne point provoquer le roi dont les dispositions étaient plus que menaçantes; et, sourdement, seul, c'est-à-dire, plus fort que l'univers ligué contre lui, Louvois retrempa ses armes, nourrit ses forces, et attendit le résultat de l'expédition qu'il avait confiée à Desbuttes.

C'était son unique ressource; mais le moyen était décisif, puisqu'il devait fournir au ministre la confirmation irréfragable d'une accusation sous laquelle allait succomber enfin son ennemi. Or, l'attente, c'est-à-dire le fiel, rongeait minute par minute ce cœur de bronze.

Pendant son inaction les affaires du mariage continuaient sans obstacle; un jour de plus allait tout perdre; le roi, d'après le conseil de Monsieur et des principaux ducs, avait fixé l'heure au parlement pour une communication. C'en était fait si le roi eût prononcé tout haut ce mot que chacun murmurait tout bas.

Enfin une lettre arriva ; — c'était cette lettre que Jaspin vit entre les mains de Louvois, c'était une lettre de Desbuttes, apportée par un courrier qui avait semé sur sa route dix cadavres de chevaux.

« Monseigneur, disait le financier, bonnes nouvelles ; notre homme est plein de raison ; il en sait plus qu'il ne faut pour que la dame soit honteusement chassée. — Je profite de sa lucidité ; je vous l'apporte ; la victoire est assurée. Le 15 au soir j'entrerai à Paris par la barrière Saint-Martin, daignez songer un peu à moi, monseigneur.

— Quoi ! aujourd'hui, s'écria Louvois

pâle de joie, oh! Desbuttes, quand tu devrais n'arriver que demain, tu nageras dans l'or.

Et, serrant le précieux papier, Louvois courut chez le roi, comme nous avons vu, en écrasant sur sa route ces vermisseaux qui un moment s'étaient enlacés pour l'arrêter.

Il n'avait point paru chez Louis XIV depuis l'aventure des princesses. On le croyait en pleine disgrâce. Aussitôt qu'il se montra le front haut, l'air assuré dans la galerie, ce fut un murmure qui se résolut comme toujours en félicitations.

Louvois traversa les rangs des courtisans et entra dans le cabinet du roi.

Louis XIV était froid, mais il ne savait pas être brutal. Tout roi qu'il fût, l'hospitalité lui était sacrée. D'ailleurs il devait tant à cet homme! Cette tête de géant renfermait encore tant de secrets d'Etat, qu'il fallait bien la ménager.

Louvois, après s'être acquitté des cérémonieux devoirs d'une entrée en matière aussi délicate, demanda au roi si S. M. daignerait lui accorder seulement dix minutes de son temps précieux.

— Parlez, monsieur, dit le roi.

— Je vais sur-le-champ au but, Sire, — Votre Majesté est, je le sais, décidée à passer outre à toutes mes objections contre la déclaration de son mariage.

— Oui, monsieur, dit Louis XIV.

— Je n'insisterai donc pas sur ces objections, reprit Louvois, frappé de l'air de résolution qui éclatait dans chaque parole du roi; ce n'est plus au nom des grands intérêts de la politique que je viens une dernière fois combattre la déclaration de ce mariage auprès de Votre Majesté.

— Je ne sais trop, alors, ce que vous pourrez invoquer, dit sèchement le roi.

— Je cesse de m'adresser au monarque, sire, et comme d'ailleurs je ne suis plus traité en ministre, je me trouve d'accord en cela avec la situation ; seulement, homme de cœur et d'honneur, je m'adresse au premier gentilhomme de France, et je viens hardiment, froidement lui dire en face : Vous projetez une chose impossible. Votre alliance publique avec la personne que vous prétendez avouer ne se fera point pour des raisons qui intéressent l'honneur du gentilhomme et l'honneur du mari.

— Monsieur! s'écria le roi tremblant d'inquiétude et de colère — avez-vous bien réfléchi aux paroles que vous osez me faire entendre... Est-ce assez de calomnies!...

— Je m'en porte garant, sire, dit Louvois immobile.

— Vous mettez votre tête en jeu! monsieur le marquis.

— Je le sais!...

— Et vous apportez des preuves, n'est-ce pas? dit le roi épouvanté de cette infernale assurance.

— Si Votre Majesté n'eût pas dû aujourd'hui même s'enchaîner à jamais par une communication imprudente au parlement, j'eusse attendu deux jours parce que ces preuves ne m'arriveront peut-être que ce soir, peut-être que demain ; mais comme je risque tout pour avertir une dernière fois mon prince, comme ma tête est là pour répondre de ma parole, je viens supplier Votre Majesté de m'accorder un délai de deux jours. Après quoi, si je me suis trompé, si j'ai été trompé, le roi m'excusera en considération de mon zèle, ou me punira, suivant sa colère. Me voici, je m'incline et j'attends.

Le roi marchait à grands pas sans répondre.

— Deux jours, ce n'est rien, dit Louvois. Ce n'est pas une renonciation à votre projet, ce n'est une insulte ni un embarras pour personne.

Qui saura que j'ai obtenu ce délai de deux jours? Ce n'est pas moi qui m'en vanterai de peur qu'on ne se jette à la traverse dans le dessein que je poursuis et poursuivrai jusqu'à la mort d'assurer le repos et la gloire de mon roi.

Le roi réfléchit profondément, et finit par dire d'une voix sombre :

— J'attendrai jusqu'à demain soir, monsieur de Louvois.

Sans un éclat de voix, sans un éclair de satisfaction, sans un souffle qui trahit son bonheur, Louvois s'agenouilla pour remercier son maître et sortit du cabinet.

VII

LE CHOC DE DEUX FORTUNES.

Jaspin était déjà en route pour aller avertir la marquise, lorsqu'il réfléchit qu'il la trouverait entourée de monde, que c'était son jour d'audience, et que peut-être elle ne pourrait le recevoir sans attirer l'attention.

D'ailleurs à quoi bon éveiller l'inquiétude de la marquise à propos d'une crainte qui pouvait être chimérique? Jaspin était là dans le chemin, à se consulter, laissant aller son carrosse au petit trot, lorsqu'il fut rejoint par le père Lachaise, dont les chevaux marchaient rapidement.

Le jésuite ayant reconnu Jaspin, le fit arrêter, descendit en toute hâte et s'approcha de la portière. L'air sombre du confesseur de Sa Majesté ne présageait rien de bon.

— Tout est encore une fois perdu, glissa le père Lachaise à l'oreille de Jaspin ; le roi remet à deux jours sa communication au Parlement, je cours prévenir la marquise.

Et, voyant Jaspin atterré, le jésuite continua sa route en homme qui connaît le prix d'une minute.

— Allons, se dit Jaspin, revenu de sa stupeur, mon pressentiment était fondé, Louvois a retourné l'esprit du roi. Cette lettre, que je lui ai vu lire était une nouvelle heureuse ; il faut, au lieu d'alarmer la marquise, découvrir quelque chose des projets de Louvois. Or, il n'est qu'un moyen, c'est de faire parler ce coquin de Desbuttes. Marchons !

Jaspin rebroussa chemin et rentra dans Versailles. Là, pas de Desbuttes. D'aller s'informer à la surintendance, Jaspin ne l'osait en personne. Qui envoyer ? Gérard ? Impossible, il était trop connu. Belair ? Où le trouver ? Jaspin pensa à Rubantel et courut à son logis pour le prier de s'informer du traitant avec tous les ménagements possibles.

Rubantel se chargea en rechignant de la commission et questionna dans les bureaux de la surintendance. Il apprit que M. Desbuttes n'était pas venu à l'hôtel depuis plus d'une semaine, et qu'on ignorait les destins de ce galant homme. Cependant on le supposait à Paris où il avait un logement dans l'hôtel Louvois. Il rapporta cette inutilité à Jaspin qui, sans perdre une minute, courut à Paris.

A l'hôtel Louvois, Jaspin n'était pas connu, d'ailleurs, il croyait le ministre à Versailles et pouvait risquer de se montrer. Il fit parler le Suisse. Ce dernier, malgré toute la réserve d'un fonctionnaire de son importance, se laissa persuader par la bonhomie de Jaspin, et avoua que M. Desbuttes, qui avait effectivement une chambre à l'hôtel, avait paru dix jours avant, traversant Paris en carrosse, pour porter quelque ordre pressé.

Jaspin, à cette nouvelle qui dérangeait son plan d'investigation, ne laissa rien percer de sa mauvaise humeur, récompensa largement le Suisse, et partit plus pensif que jamais. — Un ordre!.. Quel ordre pouvait porter Desbuttes! N'était-ce point plutôt quelque machination à laquelle il se prêtait comme instrument. En quel endroit se rendait-il? comment le savoir? — Là résidait la plus grande partie du secret.

Jaspin savait le jour et l'heure du départ, c'était un commencement. En questionnant, pensa-t-il, le maître de poste de tous les premiers relais, on saurait retrouver la trace. Mais il y a vingt routes, distantes l'une de l'autre d'au moins trois lieues ; ce circuit de soixante lieues pouvait durer trois jours, et selon la loi du guignon, la chose qu'on cherche est toujours la dernière qu'on trouve.

Jaspin commençait à perdre la tête. Paris est un labyrinthe dans lequel on perd tout, si l'on n'a un fil conducteur. Le fil manquait absolument au pauvre Jaspin. Tout-à-coup, au milieu de sa désolation, une idée lui traversa l'esprit.

— On ne part point pour un voyage, se dit-il, sans avoir fait quelque emplette ou demandé quelques renseignements. Un drôle comme ce Desbuttes fait le gros dos partout et tranche du personnage; il est donc impossible que, dans le quartier, ce paon n'ait pas laissé trainer quelqu'une de ses plumes.

Jaspin avisa des porteurs de chaises qui attendaient la pratique devant la fontaine Colbert. Ces honnêtes Auvergnats ont été de tout temps la providence des curieux.

Jaspin débuta par montrer un écu, et aussitôt une voix qui lui parut mélodieuse comme celle d'un séraphin, c'était pourtant le plus chagrinant de tous les patois allobroges, répondit qu'au jour, à l'heure indiqués, il était parti de l'hôtel Louvois un beau petit seigneur tout doré, aux jambes courtes, mais puissamment arquées, qui avait fait mettre une provision de vin dans son carrosse. Jaspin se fit montrer le marchand de vin et y courut.

Là, Jaspin questionna plus sûrement. Il apprit que le susdit seigneur avait choisi du vin de Beaune; cela intéressait peu Jaspin.

— Qu'à t-il dit au cocher? demanda l'évêque.

— Il a dit : Chez le rôtisseur !

— Et le rôtisseur demeure ?

— Rue de la Feuillade.

Jaspin s'y rendit. Le seigneur aux jambes torses avait acheté une poularde et dit à son cocher :

— A Pantin.

Sur ce mot, Jaspin dressa l'oreille. Par Pantin, l'on allait sans doute à Rome, puisque tout chemin y conduit, dit le proverbe; mais on allait aussi en Champagne, et par conséquent à Élise-en-Argonne ou à Lavernie.

Jaspin, fort inquiet, se fit brouetter à la barrière Saint-Martin.

Le premier renseignement qu'il obtint des commis du Pied fourché, fut celui-ci :

Un seigneur tout magnifique, se voyant arrêté par les veaux qui encombraient la barrière, avait fait beaucoup de bruit en se penchant hors de son carrosse, et enfin dégagé avait crié au cocher :

— A Bondy ! brûle !

Plus de doute, Desbuttes n'allait point à Rome, et Bondy était le premier relai de la route de Champagne.

A partir de ce moment, les idées de Jaspin se mirent à bouillonner comme des lingots dans le creuset. Une terreur vague, et plus douloureuse parce qu'elle n'avait pas d'objet précis, s'empara du pauvre Jaspin, qui chercha autour de lui des appuis et s'aperçut qu'il n'en aurait aucun.

Ainsi, Desbuttes allait à Élise, peut-être même à Lavernie; quel piége nouveau cachait ce nouveau voyage? N'était-ce pas une bonne nouvelle envoyée par Desbuttes à Louvois qui avait ainsi rendu la joie et l'orgueil au ministre?

Devant cet abîme noir, béant sous ses pas, Jaspin frémissait d'instinct et appelait en vain sa raison qui s'obstinait à fuir.

Une demi-heure s'écoula ainsi. Jaspin

ne voyait que ce carrosse, ce bancal doré, ces bouteilles de vin de Beaune et cette poularde galopant sur la route de Lavernie.

Soudain, ranimant son esprit par l'excitation seule du cœur.

— Je ne cours, pensa-t-il, aucun danger, Gérard non plus ; mais la marquise est menacée. Le roi, en reculant sa communication au Parlement, montre une défiance qui outrage sa femme, et dont l'instigateur ne peut être que Louvois. Or, si Louvois a envoyé Desbuttes à Lavernie, il faut que je sache dans quel but, et pour le savoir je n'ai encore qu'un seul moyen, c'est de m'y rendre moi-même, attendu que je ne puis me confier à personne, à Gérard moins qu'à tout autre.

Une fois arrêté à quelque chose, Jaspin devenait courageux, opiniâtre comme un mulet. A partir de ce moment il déploya une énergie, une activité que Louvois n'eût certes pas soupçonnées en cette grassouillette et vermeille créature.

Il retourne à Versailles, fait demander Gérard à l'hôtel des chevau-légers, et après avoir changé de chevaux repart pour Paris avec Gérard dans son carrosse.

Jaspin était devenu froid, concentré; Gérard bouillait de curiosité, d'impatience. Cependant il dut se résigner à essuyer des questions, lui qui en avait mille à faire.

Gérard avait emmené son laquais qui monta près du cocher de Jaspin. Celui-ci commença par recommander à son élève le plus absolu silence sur le voyage qu'ils faisaient ensemble, et, se recueillant comme s'il allait prononcer une harangue.

— Mon ami, dit-il, je ne pourrai aller chercher demain Violette comme nous l'avons promis à Belair. C'est vous qui vous chargerez de ce soin, et voici un mot de moi pour mademoiselle Balbien. Je l'ai crayonné à la hâte, tandis qu'on changeait de chevaux.

— Quoi ! dit Gérard, où allez-vous donc ?

— La marquise m'envoie quelque part

où je ne puis tarder de me rendre. Gardez-vous de parler à qui que ce soit de mon départ : vous l'eussiez ignoré vous-même, tant j'ai hâte de partir, si je ne me fusse senti le double besoin de vous embrasser et de vous recommander ces pauvres enfants sur lesquels vous saurez veiller aussi bien que moi. Vous m'allez conduire jusqu'à Bondy pour qu'en route je convienne avec vous de tout ce que nous avons à dire et à faire. — Qu'il vous suffise de savoir que les intérêts de votre protectrice seraient gravement compromis si je demeurais, ou si l'on savait que je suis parti. — Que ne congédiez-vous votre laquais, c'est un témoin gênant.

— Je suis sûr de lui, répondit Gérard, et vous devriez plutôt le prendre avec vous.

— Inutile; mon caractère de prélat et ma faiblesse seront les meilleurs appuis pour moi. Vous allez donc prévenir Belair de mon absence forcée; préparez à ma place le départ de Violette; retournez à Versailles où il est bon qu'on vous voie. Vous me direz d'abord malade, puis en tournée; je pense revenir sous huit jours.

— En vérité, dit Gérard stupéfait de la résolution et de l'air mystérieux de son ami, vous me glacez, Jaspin. Bien souvent déjà vos réticences, vos étrangetés m'avaient surpris; je me suis demandé bien des fois si vous étiez encore le Jaspin si ouvert, si confiant, si libre, que j'ai connu depuis que j'existe. Mais aujourd'hui, j'avoue que je ne vous connais plus, et à vous voir si secret, si froid, si défiant, j'avoue que je ne sens plus près de moi un ami, et que je me demande si mon cœur lui-même n'a pas changé pour vous.

Jaspin embrassa silencieusement le jeune homme, mais sans témoigner cette effusion, cette ivresse tendre auxquels Gérard avait été accoutumé.

— En vain, dit-il, vous cherchez à m'interroger; je ne puis vous répondre. Ce n'est ni défiance ni refroidissement; c'est ignorance. Je fais en aveugle quelque chose dont je ne prévois pas l'issue; seulement il faut que je fasse cette chose, n'en demandez pas davantage. Aimez-moi d'autant plus que je souffre d'avoir un secret pour vous.

— Mais je ne vous laisserai pas en cet embarras; vous ne partirez pas seul!...

— Seul, au contraire, et vous tâcherez de m'oublier à partir de tantôt.

Ils se turent tous deux après cet entretien bizarre. Les chevaux frais et menés par une main vigoureuse, firent les huit lieues de Versailles à Bondy en moins de trois heures, et le soir venait quand le carrosse arriva devant la maison de poste.

Là, Gérard voulut insister encore pour accompagner Jaspin ou tout au moins lui être utile.

— Non, plus un mot, je vous supplie,

répliqua l'évêque d'une voix émue, — je vais prendre ici des chevaux pour continuer vers Meaux, vous en prendrez, vous, pour revenir à Paris, car les miens doivent être harassés. — Mon bon Gérard, interrompit-il en souriant, obéissez à votre maître, ce sera la première fois que je vous commande quelque chose depuis que vous êtes au monde.

— J'obéis, répondit Gérard.

Et tous deux entrèrent chez le maître de poste, où ils demandèrent quatre chevaux.

— Il ne m'en reste que deux, répliqua le maître.

— J'en vois quatre à l'écurie, dit Gérard.

— Oui, mon gentilhomme ; mais deux de ces quatre sont retenus pour un carrosse que m'a annoncé tout à l'heure en passant un courrier extraordinaire qui a relayé ici.

Gérard et Jaspin se consultèrent du regard.

— Je prendrai les deux chevaux, dit Jaspin, je suis le plus pressé.

— Et moi, j'attendrai qu'il rentre des chevaux frais à l'écurie, dit Gérard, ou que ceux qui nous ont amenés ici se soient reposés.

Cependant les palefreniers et le cocher de Jaspin avaient attelé. L'évêque serra tendrement dans ses bras son élève qui lui gardait involontairement rancune, malgré toutes ses protestations.

Jaspin, stoïque, pressa le départ, stimula le postillon, et son carrosse disparut avec le bruit du tonnerre. Déjà la nuit chargeait d'humidité les branches touffues des chênes et la première étoile jaillissait de l'azur du ciel. Jaspin roulait depuis une demi-heure à peine dans un chemin étroit, rocailleux et bordé de fossés profonds, quand il entendit un bruit formidable de cris avec des cliquetis de fouet.

Une chaise traînée ou plutôt emportée par deux chevaux ardents arrivait comme la foudre par le détour de la route. Le postillon de Jaspin voulut jeter ses chevaux à droite, mais la roue tomba dans une ornière, ce qui lui fit perdre une seconde et l'empêcha de biaiser. Les chevaux s'entrechoquèrent, les carrosses se heurtèrent avec fracas, on entendit crier les ais rompus et pétiller les glaces brisées, un pêle-mêle affreux s'en suivit. Des deux carrosses, l'un, à demi-plongé dans le fossé de droite, était déchiré en mille pièces, c'était celui de Jaspin; l'autre, incliné sur le flanc, tremblait encore, mais sans blessure; puis, des postillons sacrant et blasphémant, des chevaux hurlants et hennissants, Amour, aboyant pour qu'on vînt tirer Jaspin de sa boîte, c'était un vacarme à faire trembler les arbres de la forêt.

Jaspin contusionné, mais plein de vaillance, appelait à l'aide. Son postillon et

son cocher, à force de crier qu'on venait
de tuer monseigneur, firent peur à l'autre postillon et à un grand laquais qui
redressaient leur chaise dont le ressort
était faussé. Jaspin, charitable comme un
bon chrétien, voulait s'enquérir des voyageurs de ce carrosse ennemi. On le pria
de ne s'en point approcher et de s'occuper de lui-même.

Ce fut alors que, bien surpris, il parvint à se dégager du milieu des débris.
La chaise était sur pieds, le postillon prêt
à repartir.

Mais Jaspin, irrité, se jeta devant les
chevaux.

— Savez-vous, s'écria-t-il, que je vous ferai pendre, coquins, qui m'avez brisé mon carrosse, et ne m'aidez seulement point à sortir d'embarras. Cristol!

— Service d'Etat, répondit le postillon.

Ces mots calmèrent un peu Jaspin, mais ne le découragèrent point.

— Nous sommes précédés, dit le postillon, par un courrier d'Etat et l'on nous attend. Laissez-nous passer.

— Vous voyez bien, reprit Jaspin, que

vous m'avez rompu mon carrosse, tué ou blessé mes chevaux, et que je ne puis rester sur la route au milieu d'un bois; qu'on me ramène seulement au relais, où je trouverai un nouveau carrosse, je suppose que le maître de cette voiture, qui s'obstine à ne point paraître, ne me refusera pas une place auprès de lui; c'est bien le moins qu'il me doive.

Le postillon lui montrant le carrosse avec mystère :

— Regardez, dit-il, monseigneur!

La chaise était fermée et cadenassée comme une boîte.

— Voilà qui est étrange, pensa Jaspin.
— C'est quelque prisonnier d'Etat qu'on amène. — Mais vous ne pouvez me refuser de me reconduire au relais. J'irai par votre voiture puisque vous m'avez privé de la mienne. Le siége est 'arge, j'y monte, et partez si vous voulez.

Le postillon, n'osant refuser un si léger service à monseigneur, aida Jaspin à prendre place sur le siége vide du cocher. Le grand laquais qui lui abandonnait ce siége se réfugia derrière, Jaspin, après avoir encouragé de son mieux son postillon et son laquais les laissa recueillir les chevaux et les débris épars sur le champ de bataille. Puis, clopin clopant d'abord, mais guéris à grands coups de fouet, les chevaux de la chaise repartirent vers Bondy, et Jaspin, tout en se frottant les genoux et les épaules, put à loisir méditer sur ce contretemps dont les suites pouvaient être si fâcheuses, et, malgré ses ennuis et ses meurtrissures, il se félicitait de n'avoir pas été brisé avec son carrosse, et d'arriver bientôt à Bondy où il trouverait remède à tous ces maux.

Pauvre Jaspin, il ne se doutait guère de ce qui l'attendait à ce Bondy tant désiré !

VIII

OU LOUVOIS NE TROUVA PAS CE QU'IL ATTENDAIT, ET OU DESBUTTES REÇUT CE QU'IL N'ATTENDAIT PAS.

Ce courrier si pressé qui précédait la chaise, c'était Desbuttes, qui dans sa joie d'aller annoncer la bonne nouvelle à Louvois, était parti deux relais avant Bondy pour prendre les ordres du ministre et bénéficier de toute la spontanéité des hommes d'Etat en pareille rencontre. Desbuttes savait combien dure peu la reconnaissance : c'est un éclair; il voulait tâcher de le monnayer.

Il avait donc fermé, comme on l'a vu, sa chaise, conduite par un postillon et un laquais à lui; il avait enfourché les meilleurs chevaux de chaque poste, et, déjà, malgré les ténèbres, il voyait la barrière Saint-Martin, quand il fut croisé par deux cavaliers qui, sortant des bas-côtés à son approche, vinrent lui couper la route.

Ces deux hommes, vêtus comme des marchands en voyage, c'étaient Louvois et son médecin Séron. Louvois, prévenu de l'arrivée du carrosse pour le soir, voulait l'empêcher d'entrer à Paris, et lui indiquer une autre destination.

Louvois jeta un cri joyeux en reconnaissant Desbuttes. Celui-ci, essoufflé d'ailleurs, exagéra encore sa fatigue et ses suffocations. Le ministre le caressait et le réconfortait comme il eût fait pour son fils.

— Et le carrosse, dit-il enfin.

— J'ai une heure environ d'avance sur lui, monseigneur.

— Et... le personnage ?

— Raisonnable, lucide.

— Vraiment.

— Je lui parlais, il n'y a pas deux heures, monseigneur, et je vous réponds qu'il savait parfaitement se plaindre de la rapidité avec laquelle je le menais.

— Trop de rapidité peut-être, dit Séron d'un ton d'oracle.

— J'ai cru servir monseigneur, en me hâtant, répliqua Desbuttes.

— Oui, oui, et vous m'avez servi à souhait, et vous éprouverez si je sais récompenser. Mais ne restons point ainsi sur cette chaussée; déjà les quelques imbéciles qui demeurent aux environs se mettent à leur fenêtre. Poussons en avant, allons jusqu'au relais; je ferai prendre à ce carrosse une route détournée, je veux conduire notre homme à Meudon, chez moi : n'est-ce pas, Séron? là, nous l'aurons à notre disposition; là, je suis sûr qu'on ne me l'enlèvera pas.

Puis, se ravisant, tout en marchant vers Bondy avec ses deux compagnons.

— N'était-ce pas imprudent, dit-il, de quitter ce carrosse?

— Oh! monseigneur, nul ne m'a suivi, deviné; je n'ai pas rencontré un obstacle depuis le pays, dans des chemins où il eût été bien facile de me susciter une difficulté, tandis qu'ici, sous Paris même, à la portée de votre main.., et d'ailleurs, le postillon et mon laquais ont pour mot d'ordre : « Service de l'Etat! » Avec cela ne traverserait-on pas l'enfer?

— Il est gentil, ce Desbuttes, dit froidement Louvois avec un de ces pâles sourires qui naissent comme un follet et s'évaporent de même.

Desbuttes frémit de joie.

— Je ferai sa fortune, continua Louvois du même ton.

— Oh! monseigneur!... s'écria le traitant qui prit une basque de l'habit de son maître et la baisa dans un transport d'ivresse.

Cependant Louvois, dévoré d'impatience, avait lancé son cheval, et l'on approchait du relais.

Desbuttes commençait à s'inquiéter aussi de ne pas voir paraître la chaise.

— Cette chaise tarde bien! dit le ministre en fronçant son terrible sourcil.

— Oh! monseigneur, dit Desbuttes, il faut le temps de relayer.

— Voici les maisons de Bondy, la poste, et l'on ne voit rien. Vous avez eu tort d'abandonner cette chaise, il était inutile de venir en avant, ajouta Louvois avec mauvaise humeur.

— C'est imprudent, en effet, dit sentencieusement Séron.

Desbuttes sentait couler non pas du sang, mais du vif argent dans ses veines. Tout-à-coup son oreille dilatée par la crainte et aiguisée par l'espoir, perçut au loin comme un roulement, et il arrêta son cheval.

— La voici! monseigneur, s'écria le traitant d'une voix triomphante.

Louvois plongea son regard perçant dans les ténèbres, et répondit :

— En effet, je vois quelque chose venir.

Absorbés qu'ils étaient tous trois dans cette contemplation, ils n'avaient pas vu, à vingt pas de la maison de poste, adossé à un arbre, un homme qui les regardait passer, et qui bondit à ce mot : monseigneur, prononcé par l'imprudent Desbuttes.

Cet homme n'était autre que Gérard,

demeuré faute de chevaux à la poste et attendant pour se remettre en route la fin du souper de ses deux bêtes ; cet homme tourna silencieusement, à petits pas, derrière les trois cavaliers arrêtés, vint de plus près possible regarder le visage de celui que l'on avait appelé monseigneur, et, retenant un cri de surprise à la vue de Louvois, se posta dans l'ombre pour voir commodément ce qui allait se passer. Car la présence du ministre à cette heure dans ce lieu, promettait une aventure.

— Dieu soit loué! s'écria Desbuttes ; ce sont mes gens, je les reconnais bien maintenant.

Le front de Louvois se dérida.

— Faites promptement changer les chevaux, dit-il, et congédiez le postillon, bien payé. Renvoyez votre laquais tout droit à Paris. Quant à nous, nous prendrons la traverse par Romainville, Bagnolet et Charonne. C'est vous qui mènerez ; Séron nous guidera ; moi je monterai dans la chaise avec notre homme. Faites vite !

La chaise venait de s'arrêter devant la maison de poste, Desbuttes s'élança pour exécuter les ordres de Louvois resté dans l'ombre avec le chirurgien.

— Là!... merci! dit Jaspin de sa voix flûtée, tenez, postillon, voilà pour boire.
— Aidez-moi à descendre vous, dit-il à Desbuttes, qu'il était bien loin de soupçonner si près de lui.

Et il se jeta mollement dans les bras du traitant, qui croyait aider à son laquais.

Tous deux poussèrent un cri en se reconnaissant. A ce cri, Louvois, qui trouvait déjà le temps long, s'avança pour demander à Desbuttes la cause de sa stupeur; car le financier, devant cette tête de Méduse, était resté littéralement stupide et béant.

Quand Louvois s'approchant eut reconnu Jaspin, quand Jaspin reculant eut reconnu Louvois, ce furent de nouvelles et plus terribles émotions. Jaspin sentit ses genoux se dérober sous lui. Louvois roulant des yeux effrayants, demanda d'une voix rude à Desbuttes ce que l'évêque faisait là, pourquoi on le trouvait sur le siége de cette chaise.

Desbuttes tremblait comme la feuille et bégayait des sons inarticulés. Devinant à sa propre terreur ce qui se passait dans l'ame du ministre, pressentant un échec pour sa fortune, il fut saisi d'un accès de colère, et se jeta sur Jaspin comme un dogue sur un autre, qui lui déroberait sa proie.

Jaspin poussa un cri lamentable, qui fit bondir du fond de sa cachette le protecteur inespéré que Dieu lui réservait. Gérard aussi venait de reconnaître Jaspin, et, se plaçant auprès de lui, la main sur la garde de son épée, il regarda Desbuttes avec des yeux si flamboyants, que le financier battit en retraite et se vint cacher derrière son maître.

Quant à Louvois, cette nouvelle apparition avait achevé de le mettre hors de lui. Déjà il s'avançait menaçant et provocateur, car pour cet homme le mot danger n'existait pas ; mais Séron le retint par un bras, tandis que Jaspin de son côté entraînait Gérard en lui disant tout bas avec angoisse :

— Oh ! par pitié, partons ; si vous saviez !.. partons !

TABLE

DES CHAPITRES DU CINQUIÈME VOLUME.

I. — Deux distractions en un jour (*suite*).... 1

II. — Feu et Sang...................... 25

III. — Petite répétition d'une grande pièce... 65

IV. — La maison du pont Marie.......... 109

V. — Les petits présents entretiennent l'amitié 191

VI. — Le nuage marche................. 229

VII. — Le choc de deux fortunes............ 269

VIII. — Où Louvois ne trouva pas ce qu'il attendait, et où Desbuttes reçut ce qu'il n'attendait pas............ 303

Melun. — Imprimerie de DESRUES.

a Maison L. DE POTTER vient de traiter avec madame Vᵉ DE BALZAC pour les quatre derniers ouvrages que nous a laissés un de nos plus célèbres romanciers,

M. HONORÉ DE BALZAC

SAVOIR

L'INITIÉ

DEUX VOLUMES IN-8, EN VENTE.

Sous presse, pour paraître successivement :

LE DÉPUTÉ D'ARCIS

LES PAYSANS

www.ingramcontent.com/pod-product-compliance
Lightning Source LLC
Chambersburg PA
CBHW060629170426
43199CB00012B/1483